ⓒ Niamh O'keeffe 2011

This translation of Your First 100 Days: How to make maximum impact in your new leadership role first edition is published by arrangement with Pearson Education Limited.

This Korean edition was published by Previewbooks in 2014 by arrangement with Shinwon Agency.

이 책은 신원에이전시를 통한 저작권자와의 독점계약으로 도서출판 프리뷰에서 출간되었습니다.
저작권법에 의해 한국 내에서 보호받는 저작물이므로 무단전재와 복제를 금합니다.

리더의 첫걸음
퍼스트 **100** 데이즈

옮긴이 **김옥경**은 연세대 사회학과와 한국외국어대 통번역대학원을 졸업했다. 매일경제TV 정경부 외신기자를 지냈고, 한국국제노동재단 국제협력부장, 국정홍보처 해외홍보원 외신과 전문위원, 경기도청 국제통상과 전문위원을 지냈다. 국내외 여러 기업과 기관을 대상으로 다양한 프로젝트를 진행한 홍보 및 통번역 전문가이며 〈최선의 결정은 어떻게 내려지는가〉를 우리말로 옮겼다.

리더의 첫걸음
퍼스트 100 데이즈

초판 1쇄 인쇄 | 2014년 3월 5일
초판 1쇄 발행 | 2014년 3월 20일

지은이 | 니암 오키프
옮긴이 | 김옥경
펴낸이 | 이기동
고문 | 우득정
편집주간 | 권기숙
마케팅 | 유민호 이동호
주소 | 서울특별시 성동구 아차산로 7길 15-1 효정빌딩 4층
이메일 | previewbooks2@daum.net
블로그 | http://blog.naver.com/previewbooks

전화 | 02)3409-4210
팩스 | 02)3409-4201
등록번호 | 제206-93-29887호

교열 | 이민정
디자인 | 박성진
인쇄 | 상지사 P&B

잘못된 책은 구입하신 서점에서 바꿔드립니다.
책값은 뒤표지에 있습니다.

리더의 첫걸음
퍼스트 100 데이즈

니암 오키프 지음 | 김옥경 옮김

도서출판 **프리뷰**

시작하는 글 • 9

Part 01 시작 단계

Chapter 1
준비

1. 이전에 해오던 역할에서 벗어나라 • 35
2. 자신만의 에너지관리시스템을 세워라 • 38
3. 새로운 자리로 옮겨가는 데 따른 핵심 도전과제들을 파악하고 이해하라 • 44
4. 새 직책과 조직, 시장에 대해 상세한 프로필을 작성하라 • 49
5. 목표를 염두에 두고 시작하라 • 54

Chapter 2
'취임 후 첫 100일' 계획

'퍼스트 100 어시스트' 프레임워크 • 68
1. 1단계 | 목표를 염두에 둔 스타트 • 70
2. 2단계 | 원하는 성과를 30일, 60일, 90일의 시점에 맞춰 세분화 한다 • 78
3. 3단계 | 최종 점검을 거쳐 '취임 후 첫 100일' 계획을 완성시킨다 • 82

Chapter 3
스타트

1. '취임 후 첫 100일' 계획을 가동시킨다 • 85
2. 단순 관리자가 아니라 리더로 등장한다 • 87
3. 실질적 내용뿐 아니라 시선을 사로잡는 매력도 필요하다 • 91
4. EQ도 IQ 못지않게 중요하다 • 96
5. 향후 30일의 결정적인 성공요인: D1~D30 • 102

Part 02 중간 시기

Chapter 4
30일

1. 계획 대비 진도 점검 ● 115
2. 조직에서 누가 진짜 중요한 사람이고 진짜 중요한 일은 무엇인지 결정한다 ● 125
3. 팀의 업무수행 가속화 ● 128
4. '취임 후 첫 100일' 계획 수정 손질하기 ● 131
5. 향후 30일의 결정적인 성공요인: D30~D60 ● 132

Chapter 5
60일

1. 계획 대비 진도 점검 ● 137
2. 누가 남고 누가 떠날지 최종 결정한다 ● 147
3. 리더십 '승수효과' 활용 ● 149
4. '취임 후 첫 100일 계획' 수정 손질하기 ● 152
5. 향후 30일의 결정적인 성공요인: D60~D90 ● 153

Part 03 마지막 단계

Chapter 6
90일

1. 계획 대비 진도 점검 ● 161
2. 마지막 10일간 '해야 할 일' 리스트 작성 ● 168
3. 피드백 요청 ● 170
4. 스스로를 돌아보는 시간 갖기 ● 177
5. 마지막 10일의 결정적인 성공요인:D90~D100 ● 179

Chapter 7
마무리

1. '취임 후 첫 100일' 계획의 마감 ● 185
2. 성과를 기록하고 그동안 얻은 교훈 정리하기 ● 186
3. '첫 100일'의 성공을 이해관계자들에게 알리기 ● 189
4. 팀원들과 함께 축하하기 ● 191
5. '제2막'에 대해 생각하기 ● 194

마지막 당부 ● 197

시작하는 글

첫 100일이 왜 중요한가

새로운 직책을 맡고 나서 첫 100일은 여러분이 그 자리에서 성공하느냐 실패하느냐를 결정지을 중요한 시기이다. 그리고 이 첫 100일은 앞으로 여러분이 해나갈 직장생활 전 시기에 영향을 미치게 된다. 공직에 있더라도 사정은 마찬가지다.

여러분이 어떤 자리에 취임하고 첫 100일을 성공적으로 보낸다면, 그것은 바로 첫 1년을 성공적으로 보낼 수 있는 토대를 닦는 것이다. 그리고 취임 후 첫 1년을 성공적으로 보낸다면, 그 직책에서 궁극적으로 성공을 거두게 될 가능성이 높아진다. 물론 여러분은 새로 맡은 직책에서 반드시 성공하고 싶을 것이다 왜냐하면 그 직책은 여러분이 승진해서 새로 맡은 것이고, 새로 책임을 맡은 일이기 때문이다. 여기서 시야를 넓혀 더 큰 그림도 봐야 한다. 여러분이 만일 이 직책을 잘 수행해낸다면, 이 직책에서 기대 이상으로 더 성공적으로, 그리고 더 빨리 성공한다면, 더 나은 자리로 보다 빨리 승진할 가능성이 높아질 것이다. 그렇게 되면 여러분은 앞으로도 계속해서 맡는 일마다 성공을 거두게 될 것이다.

하지만 그 반대의 경우도 물론 가능하다. 여러분이 새로 맡은 직책에서 시동이 늦게 걸리거나 제대로 순조로운 출발을 하지 못할 경우, 나

> 처음부터 잘하면 더 빨리 승진한다

중에 그 잃어버린 시간을 만회하려면 대단히 힘들지 모른다. 일을 맡은 초기부터 잘해내지 못한다면, 앞으로 그 직책에서 성공할 가능성은 크게 떨어질 것이다. 이것은 앞으로 당신의 사회생활에서 성공하는 속도가 아주 더뎌지거나, 성공 전망 자체가 흐려질 수 있다는 말이 된다. 이것은 당연한 이치이다. 새로 맡은 직책을 잘해내지 못하는 사람에게 또 다시 승진기회가 쉽게 주어지겠는가? 그러니 여러분의 경력 전 과정에서 이 첫 100일의 중요성은 아무리 강조해도 지나치지 않을 것이다.

첫 100일 개념의 유래
루스벨트 대통령의 취임 후 첫 100일

 이 개념은 원래 미국의 프랭클린 D. 루스벨트(FDR) 대통령이 취임 후 첫 100일간 거둔 전설적인 성공의 속도와 범위를 표현하는 데 사용되었으며, 이후 다른 미국 대통령이나 정치인들이 새로 시작한 임기를 얼마나 성공적인 출발을 하는지 판단하는 척도로 사용되었다. 그리고 이 '취임 후 첫 100일' 개념은 이제 새로 기업이나 공직을 비롯한 각종 단체에서 새로 임명된 리더의 취임 후 초기 단계를 묘사하는 전문용어가 되었다. 이것은 새로 임명된 리더가 초기에 한정된 기간 동안 업무 수행을 잘 해서 가시적인 결과물을 내놓고, 이해관계자들의 호응을 얻는 과정을 설명하는 효과적인 방법이 되었다.

프랭클린 D. 루스벨트 대통령

전설적인 '취임 후 첫 100일'

프랭클린 D. 루스벨트는 1933년 3월 4일 미국 대통령으로 취임했는데, 당시 미국은 심각한 금융공황에 처해 있었다. 역사가 아서 슐레신저는 루스벨트가 취임할 당시의 분위기를 이렇게 전했다. "대의민주주의 체제로 당시의 경제 붕괴상태를 극복할 수 있을 것인가 하는 문제가 걸려 있었고, 임박한 폭력사태(심지어 혁명이 초래될지 모른다고 생각하는 사람들도 있었다)를 피할 수 있을 것인가 하는 문제도 함께 걸려 있었다."

당시 미국인 가운데 거의 1300만 명(4명 중 1명꼴)이 실업자였고, 1900만 명이 빈약한 정부지원금에 기대어 간신히 생계를 이어가고 있었다. 다행히 일자리가 있는 근로자들도 대공황이 시작된 1929년 당시 수준의 3분의 2 정도밖에 벌지 못하고 있었다. 돈이 있는 사람들은 대다수가 돈을 잃었으며, 1933년에 들어서고 나서는 연초 두 달 사이에 4000개의 은행이 파산했다. 너무나 심각한 비상사태였기 때문에 독재적 권력 행사를 촉구하는 사람들도 있었지만, FDR은 대의민주주의 정치를 포기하려고 하지 않았다. 대신 그는 이 엄청난 위기를 극복하기 위한 '행동, 나아가 즉각적인 행동' Action, and Action Now 계획을 추진했는데, 그가 취한 행동의 속도와 범위는 전례가 없는 파격적인 것이었다.

루스벨트의 전설적인 '취임 후 첫 100일'은 그가 내세운 '즉각적인 구제' 전략의 첫 번째 부분에 집중했다. 그는 곧바로 '은행

휴일' bank holiday을 선포해 정부와 은행들이 상황을 다시 통제할 수 있을 때까지 모든 은행을 무기한 폐쇄조치함으로써 예금인출 사태를 성공적으로 막았다. 1933년 3월 9일부터 6월 13일까지, 루스벨트는 의회에 전례없이 많은 수의 법안을 제출했으며, 이 법안들은 모두 쉽게 통과되었다. 그리고 그가 추진한 전략의 두 번째 부분은 미국 경제의 장기적인 개혁안을 제시하는 것이었다. 루스벨트가 추진한 '취임 후 첫 100일'의 첫 목표는 뉴딜 정책을 빨리, 그리고 강력하게 출발시키는 것이었다. 이 기간 동안 루스벨트 행정부는 오늘날 미국에서 당연한 것으로 받아들여지고 있는 수많은 정책을 탄생시켰다. 돌이켜보면 실로 대단히 중요한 기간이었다.

이후 많은 미국 대통령이 자신의 정권을 가동시키는 방법으로 루스벨트의 이 '취임 후 첫 100일' 계획을 활용했지만, 루스벨트에 필적하는 성공을 거둔 사람은 없었다. 이렇게 해서 루스벨트 대통령 취임 후 4개월도 채 안 되어서 경제는 안정을 되찾았다. 수많은 주택과 농장이 압류를 면했으며, 대규모의 구제 프로젝트와 근로 프로젝트들을 통해 절박한 상황에 처한 사람들이 도움을 받았다. 그리고 가장 중요한 점은 루스벨트의 '취임 후 첫 100일'이 사람들에게 희망의 불씨를 다시 살려내 주었을 뿐 아니라 그 과정에서 미국의 민주 정부를 지켜냈다는 것이다.

루스벨트와 버락 오바마 이 두 명의 대통령이 각자 취임 후 첫 100일 동안 직면했던 문제들에도 서로 흥미로운 유사성이 보인다. 미국 경제와 세계 경제를 다시 정상궤도로 복귀시켜야 한다는 커다란 압박에 직면했던 오바마 대통령은 당선되자마자 곧바로 2개년 계획을 발표했다. 취임식도 하기 전에, 다시 말해 공식 임기가 시작되기도 전에 일찌감치 달리기 시작한 것이다.

물론 독자들이 일반 기업이나 공직에서 새로 맡은 직책의 '첫 100일' 동안 겪는 일은 루스벨트 대통령이나 오바마 대통령처럼 극적이지는 않을지 모른다. 그렇지만 오늘날 대기업 조직의 리더들도 자신의 능력을 다른 사람보다 더 돋보이게 하고, 유능한 리더로 인정받아야 한다는 압박을 강하게 받고 있다. 그래서 국가 지도자 못지않게 빠른 시일 안에 자신이 맡은 일을 장악하고, 빠른 속도로 본격적인 출발을 할 필요가 있다.

이런 사람은 이 책을
반드시 읽어라

만약에 여러분이 처한 상황이 다음에 소개하는 사항에 해당된다면 이 책을 반드시 읽는 것이 좋을 것이다.

- **다른 회사로 이직했거나 다니는 회사에서 최근에 승진한 사람**

여러분이 만일 최근에 다른 회사에 간부로 스카우트 되었거나, 아니면 다니는 회사에서 새로 승진했다면 우선 축하인사를 보내고 싶다. 그리고 이 책은 바로 새로운 일을 시작한 여러분을 위한 것이다. 이 책은 고도로 조직화되고 단순 명료한 포맷을 갖추고 있기 때문에, 여러분이 읽고 쉽게 소화할 수 있도록 매우 간단하게 쓰여져 있다. 여러분은 찾고 있는 해답을 아주 손쉽게 이 책에서 찾을 수 있을 것이다.

- **큰 목표를 가진 사람**

이 책은 현대의 글로벌 리더들을 위해 쓰였다. 대체적으로 30~40대인 이들은 지금까지 동료들보다 앞서서 고속 승진을 해온 사람들이다. 그리고 자신의 커리어에서 앞으로도 계속 성공하고 싶은 야망이 매우 크며, 가능하면 그룹 CEO의 자리까지 올라가고 싶어 할 것이다. 이 책은 새로운 각도에서, 그리고 새로운 아이디어를 제시함으로써 이처럼 야망이 큰 리더들에게 남보다 앞설 수 있는 방법을 제공한다. 그렇기 때문에 이 책은 여러분에게 매우 유익한 도움이 될 것이다.

● **시간이 많지 않은 사람**

시간이 많지 않은 사람은 즉각적으로 만족스러운 해결책을 찾고 싶어 한다. 자신이 직면한 문제에 대해 가능한 한 빨리 해답을 구하고 싶어 하는 것이다. 그런 사람이라면 단 100분만 이 책을 읽는 데 투자하면 곧바로 원하는 해결책을 얻을 것이다. 이런 사람은 출장길에 열차나 비행기를 탈 때 이 책을 가져가도록 하라. 그러면 이동시간을 매우 유용하게 쓸 수 있을 것이며, 가장 알차고 생산적인 여행을 하게 되는 것이다.

● **실패할까 봐 초조해하는 사람**

금방 새로운 직급으로 승진한 사람이라면 반드시 성공하겠다는 결의와 함께 실패하면 안 된다는 초조한 마음이 클 것이다. 높은 자리로의 승진은 자신의 커리어에서 중요한 변화임에 틀림없다. 개인적으로 너무나 많은 것이 새 자리에 걸려 있다는 생각이 들 것이다. 그렇기 때문에 당장 눈앞에 닥친 새로운 문제들에 대한 해답과 자신을 새로운 직책에 안착시켜 줄 꼭 필요한 정보를 찾고 싶을 것이다. 이 책은 그런 여러분을 안심시켜 주고, 새로 맡은 직책을 위해 준비하는 최선의 방법, 즉 '취임 후 첫 100일' 계획서를 작성하고, 그 계획을 성공적으로 수행하는 방법에 대해 친절히 알려준다.

> 조직과 주주들은 새로 취임한 리더가 빨리 뛰어난 업무수행능력을 보여주길 원한다

● **똑똑하고 잘 나가는 리더인 경우**

시중에 나온 경영 관련 서적은 대부분 중간 관리자들을 위한 것이 많고, 조직의 고위 리더들이 읽을 만한 책은 별로 없다. 이 책에는 똑똑하

고 잘 나가는 고위 리더들에게 필요한 지적인 자극과 통찰력이 풍부하게 담겨 있다.

이 책을 읽으면 다음과 같은 도움을 얻을 수 있을 것이다.
- 새로운 자리에서 순조로운 출발을 하고, 남보다 빨리 성공하기
- 극심한 시간 압박에 직면해서도 성공적으로 대처하기
- 새로 맡은 직책의 이해관계자들을 효과적으로 관리하기

그리고 다음 사항을 꼭 기억하기 바란다.
- 회사의 온보딩 프로그램 on-boarding program(조직에 새로 들어온 멤버가 조기에 적응하고 성과를 올릴 수 있도록 지원하는 사내 프로그램)만으로는 새 자리에 순조롭게 적응하기에 충분하지 않다.
- '이행 능력' ability to transition 은 이행 과정의 어려움을 과소평가해서 만든 기술이다.
- 여러분의 커리어 전체가 이 시기에 따라 좌우된다.

이 책은 또한 다음과 같은 장점을 지니고 있다.
- 100일간을 타임라인에 따라 접근할 수 있다.
- 책 전체가 100분이면 다 읽을 수 있는 분량이다.
- 100 퍼센트 실천 가능한 내용이다. 결코 어려운 목표가 아니다.

순조롭게 출발하면 더 빨리 성공한다

여러분이 새로운 자리에 취임한 첫 100일간 실시간으로 직면하는 갖

가지 도전 과제를 잘 수행하도록 도움을 주자는 것이 이 책의 목적이다. 100분이면 다 읽을 수 있는 분량에 체계적인 계획 수립 방법뿐 아니라 비즈니스 통찰력과 리더십에 관한 조언도 제공한다. 이 책은 한 입 크기의 사이즈로 실용적인 안내와 사려 깊은 통찰, 그리고 유용한 어드바이스를 제시하고 있어서 이해하기 쉽고 즉시 실행에 옮길 수 있다. '첫 100일' 계획서 작성법과 중요한 시점인 '취임 후 30일, 60일, 90일'의 타임라인에 따른 중간평가, 그리고 '해야 할 일' 등을 제시한다.

이 책에서 제공하는 전문적인 도움과 고위 간부들을 위한 차별화 된 지식을 통해 여러분의 '취임 후 첫 100일'을 최대한 활용하라. 그러면 여러분은 좀 더 빨리, 순조롭게 출발할 수 있고, 이를 발판으로 남보다 빨리 성공하는 데 필요한 경쟁력 있는 리더십을 갖추게 될 것이다.

극심한 시간 압박에 잘 대처해라

요즘은 어떤 조직에서든 높은 투자수익률을 바라는 기대치가 높기 때문에, 새로 임명된 리더들은 '첫 100일' 동안 빨리 실적을 내야 한다는 압박을 받게 된다. 오늘날의 글로벌 경제에서 빨리 실적을 올리는 것은 중요한 비즈니스 요구사항이다. 수십 년 전만해도 투자자들이 10년 단위의 전략계획을 따졌는데, 이후 5년으로 바뀐 데 이어, 3년 단위 계획이 유행하게 되었다. 그리고 2007년 이후부터는 남보다 앞서 생각하는 CEO와 비즈니스 리더들 사이에서 '2개년 계획'이 부상하고 있다.

주식시장에 상장되어 있는 기업의 최고경영자인 경우, '취임 후 첫 100일'은 새로운 직책에서의 업무 첫날부터 주식시장에서의 실적평가가 나오는 날까지의 기간에 해당된다고 할 수 있다. 그리고 최고경영자가 아닌 경우에도, 투자수익률과 관련해 상사나 이해관계자들로부터 상당한 압박을 받을 것이다. 기업의 임원들은 수십만 달러의 보수를 받고 있고, 이들을 외부에서 스카우트하는 비용도 엄청나기 때문이다. 이들의 가치를 판단하는 데 이전처럼 12개월을 기다려주지 않기 때문에, 새로운 직책을 12개월도 채 유지하지 못할 수가 있다.

이처럼 시간적 압박이 점점 더 심해지기 때문에 새로 리더의 자리에 임명된 사람의 '취임 후 첫 100일'이 갖는 중요성도 더 커지고 있다. 취임 후 첫 3개월을 '정착 기간'으로 여유롭게 봐주던 시대는 이제 끝났다.

> 첫 3개월을 '정착 기간'으로 봐주던 시대는 지났다

새 직책과 관련된 이해관계자들을 잘 관리하라

여러분은 시간 압박 외에도 새 직책과 관련된 이해관계자들에게 뛰어난 업무수행능력을 빠른 시일 안에 보여줘야 한다는 압박을 느끼게 될 것이다. 고위직 임명에 관한 결정은 쉽게 내려지는 것이 아니며, 이 결정에 많은 이해관계가 걸려 있는 경우가 대부분이고, 중대한 변화나 전환이 필요한 경우가 많다. 사람들은 새로운 리더가 조기에 해답을 제시해 주고, 앞으로 가야할 길을 명확하게 제시해 주기를 기대한다.

회사의 인사부장이나 자신의 휘하에 있는 팀원 등 해당 조직의 여러 이해관계자들은 새로 임명된 리더에 대해 기대감과 우려가 뒤섞인 복잡한 감정을 느끼게 된다. 새로운 리더가 임명되고 나면 첫 번째 단계는 새로운 출발을 나타내는 기대감과 함께 앞으로 제대로 성공할 것인가에 대한 우려도 함께 제기되는 시기다. 이 기간은 서로 상대방을 집중적으

로 점검하는 기간이며, '취임 후 첫 100일'을 성공적으로 보내는 것은 취임 후 첫 12개월, 그리고 이보다 더 이후의 성공을 결정짓는 데 큰 영향을 끼친다.

회사의 온보딩 프로그램만으로는 충분하지 않다

나는 런던 금융가의 고위직 헤드헌터로 일한 경험이 있는데 그 경험을 토대로 해서 보면, 사람들은 대부분 스카우트 대상자를 평가하고 채용하는 데에는 상당한 시간과 주의를 기울이지만, 이들이 새 조직에 얼마나 효과적으로 적응하느냐에 대해서는 별로 관심을 쏟지 않는다. 나는 보다 높은 지위의 리더가 되거나 새로운 조직에 성공적으로 적응하기 위해서는 전문가인 제3자의 도움을 받는 것이 좋다고 보는데, 실제로 조직이나 기업의 인적자원 부서는 이런 생각을 못하는 것 같다.

회사가 여러분의 '취임 후 첫 100일'이 얼마나 중요한지에 대해 말해 주고, 여러분이 성공할 수 있도록 회사가 지원해 주겠다는 식으로 얘기는 할 것이다. 하지만 최고의 글로벌 기업들과 일해 본 내 경험으로는 외부에서 새로 스카우트 된 고위직 간부나 내부에서 승진한 고위직 간부에게 꼭 필요한 내부 솔루션을 제공해 주는 사례는 본 적이 없다.

그리고 외부에서 스카우트해 온 사람들을 대상으로 한 '온보딩' 프로그램 같은 것은 있을지 몰라도, 내부에서 승진한 사람들이 새로운 직책에서 성공하도록 지원하는 과정이 있는 경우는 매우 드물다. 이 책은 내부 승진자들, 즉 다니던 회사에서 승진해 새로운 직책을 맡았을 때 단기에 효과적인 성과를 보여주기 어렵다고 느끼는 사람들에게 많은 도움이 될 것이다.

효과적인 '이행능력' 기술이 중요하다

물론 여러분이 새로운 직책에 최고의 적임자일 수가 있다. 하지만 그런 경우에도 새로운 자리로 순조롭게 옮겨가려면 효과적인 기술이 필요하다. 여러분의 재능이 순조롭게 빛을 발하려면 먼저 새로운 자리로의 효과적인 이행이 이뤄져야 한다는 말이다. 나는 그동안 뛰어난 재능을 지닌 사람들이 새 직책에서 실패하는 경우를 수없이 목격했다. 그것은 모두에게 기회의 낭비가 되고 만다. 당사자의 개인적인 차원에서 보면 상당한 좌절감을 느끼거나 아예 일자리를 잃기도 하고, 조직의 입장에서는 막대한 스카우트 비용과 시간을 허비하게 되는 것이다. 그리고 문제의 임명 건이 이루어지기 전 리더가 공석인 상태였던 팀인 경우 그 팀은 또다시 리더를 잃게 되는 것이다. 팀원들은 또다시 리더십 실패와 리더십 부재를 겪어야 하고, 새로운 사람이 리더로 임명되어 다시 시작할 때까지 힘든 과정을 견뎌내야 한다.

당신의 향후 커리어가 좌우된다

리더는 자신의 팀과 조직에 미치는 영향을 전체적으로 고려할 책임이 있지만, 유능하고 야망이 큰 고위간부라면 앞으로 직장에서 계속 성공 가도를 달려가기 위해서 '취임 후 첫 100일' 동안 빨리 업무 성과를 보여줘야 한다는 개인적인 동기도 갖고 있을 것이다.

고속 승진한 리더의 '취임 후 첫 100일'이 성공적이었는가에 대한 판단은 그 사람이 2~3년 후 더 높은 자리에서 성공할 수 있는 잠재력을 갖고 있는가에 대한 평가로 이어질 수 있다. 다시 말해, '취임 후 첫 100일' 외 성공을 위해 당신이 《첫 100일 코치》**First 100 Coach**나 《첫 100일》

같은 책을 통해 전문가의 도움을 받는다면, 전문지식이 없는 경우보다 당연히 더 성공적으로 업무를 수행할 수 있을 것이다. 그렇게 되면 상사나 다른 사람들의 주목을 받게 되면서 자연스럽게 더 높은 자리로 승진하기가 수월해질 것이다. 혼자서 하는 것보다 전문가의 도움을 받는 것이 더 낫고, 더 빠른 방법이라는 것은 너무나 분명한 일이다. 내가 담당했던 고객들을 보면 전문적인 코치를 받고 나서 12개월 이내에 다시 승진한 경우가 드물지 않다. 그리고 이렇게 연속 승진하는 고객들 덕분에 나의 비즈니스도 도움을 받는 것이다.

100일간의 타임라인에 따른 접근법

이 책은 여러분이 새로운 직책을 맡은 후 100일 동안 실시간 직면하게 되는 도전들을 잘 헤쳐 나가도록 코치하는 구조로 되어 있다. '시작 전 준비' 방법과 '취임 후 100일 계획' 구상 방법, 중요한 시점인 30일, 60일, 90일 시점의 대처법 등, 100일이라는 기간에 대한 매우 체계적인 타임라인 접근법을 취하고 있으며, 100일이 지났을 때 이 시기를 어떻게 성공적으로 마감할 것인가에 대해서도 조언한다.

100분이면 다 읽을 수 있는 분량

이 책은 업무수행의 가속화라는 책의 기본적인 주제에 걸맞게 시간의 압박을 받는 리더가 빨리 읽을 수 있도록 구성되었다. 우리에게 시간은 언제나 부족한 자원이지만, 새로운 직책을 맡은 직후에는 성과를 빨리 내야 한다는 압박감이 크기 때문에 더욱 부족하

> 이 책은 100분 안에 중요한 통찰력을 여러분에게 제공한다

게 느껴질 것이다. 이 책은 그래서 의도적으로 간결하게 만들었으며, 시간에 쫓기는 리더인 여러분에게 100분 정도의 읽는 시간에 중요한 통찰력을 제공해 줌으로써 당신이 '취임 후 첫 100일'이라는 매우 치열한 기간 동안 큰 성공을 거둘 수 있도록 해줄 것이다.

100 퍼센트 실천 가능한 내용

이 책은 여러분이 100일간 성취하고자 하는 성과를 일목요연하게 정리하도록 해줌으로써 여러분이 업무수행을 더 빨리 더 잘할 수 있도록 도와주는 코치 겸 동반자가 되어 줄 것이다. '취임 후 첫 100일'은 빨리 처리해야 하는 긴박한 필요성이 있는 기간이기 때문에 문제를 관념화하는 것은 도움이 되지 않는다. 이 책은 체계적인 접근법과 현실적인 지도, 사려 깊은 통찰, 그리고 유용한 어드바이스를 제공하고 있으며, 이 모든 것은 이해하기 쉽고 즉시 실행에 옮길 수 있도록 되어 있다.

독자들께 드리는 편지

친애하는 독자 여러분,

여러분은 다른 사람들에 대한 책임을 지고 있는 리더이기 때문에 중요한 사람이고, 여러분은 유능한 사람, 즉 비즈니스적인 두뇌와 재능을 갖춘 존재이면서 감성적인 특성을 함께 갖춘 사람일 것이라고 나는 생각한다. 그리고 여러분은 이전에 해보지 못했던 역할을 새로 맡아 더욱 발전해 나가는 사람이기 때문에 나는 여러분을 전문가의 지도와 조언에 귀 기울일 자세가 되어 있는 학습자로 본다.

'취임 후 첫 100일'은 주위의 모든 시선이 여러분에게 쏠리는 때로서 극심한 압박과 치열한 점검을 받는 시기이다. 여러분이 취임 첫 해의 나머지 기간과 그 이후의 시기가 순항할 수 있도록 올바른 토대를 성공적으로 놓을 수 있을지 여부가 이 기간 동안에 결정된다.

> 여러분의 성공 여부를 결정짓는 중요한 시간

나는 여러분이 '취임 후 첫 100일'의 기간에 성공하도록 도와주고 싶다. 그래서 모든 사람이, 즉 여러분과 여러분이 맡은 팀, 여러분을 외부에서 스카우트했거나 내부에서 승진시킨 조직, 그리고 여러분이 맡은 직책과 관련된 모든 이해관계자들이 여러분의 성공을 보며 만족스러워하게 되기를 바란다.

나는 '첫 100일 코치'로서의 일상적 업무에서 벗어나 그동안 '취임 후 첫 100일' 전문가로서 축적한 지식과 경험을 한 권의 책에 담고자 했고, 여러분에게 도움이 되는 책을 만들고자 했다.

부디 이 책을 즐겁게 읽어주기 바란다. 내가 이 책에서 사용한 접근법이 여러분이 처한 비즈니스 현실에 기반을 둔 전략적이고 실용적인 접근법이라는 평가를 받기 바라며, 여러분에게 훌륭한 아이디어와 통찰력을 제공할 수 있기를 바란다.

여러분의 '취임 후 첫 100일' 여정이 성공하기를 기원한다.

니암 오키프

Part 01

시작 단계

새로운 역할을 맡아 일을 시작하면 흥분과 기대, 그리고 불안이 뒤섞인 복잡한 감정이 뒤따르게 된다. 먼저 자신이 다른 사람들을 제치고 중요한 직책을 맡도록 선택된 '특별한 사람'이 되었다는 기분이 들 것이다. 하지만 동시에 내가 과연 이 일을 잘할 수 있을까 하는 두려움이 밀려온다. 이 새로 맡은 일을 계기로 나의 인생은 성공할 것인가 아니면 실패할 것인가?

성공할 것인가 아니면 실패할 것인가?

아무리 경험이 많은 사람이라고 할지라도 다른 사람과 마찬가지로 감정을 가진 존재이다. 내 경험에 비춰보면, '취임 후 첫 100일'에 직면한 사람은 누구나 자신이 특별한 사람이라는 '우월감'과 걱정으로 불안한 '초조감' 사이에서 왔다 갔다 한다. 취임 후 첫 100일 기간의 시작 단계에서는 자신의 이렇듯 복잡한 감정을 잘 조절하는 것이 성공의 중요한 열쇠이다.

중요한 직책에 임명된 사람들을 보면, 첫 시작 단계에서 실패에 대한 두려움과 공포의 감정에 압도되는 사람도 있고, 너무 자만한 나머지 앞으로 직면할 도전을 지나치게 과소평가해 일을 그르치는 사람도 있다. 따라서 처음부터 이런 두 가지 감정 사이에서 중심을 잘 잡도록 노력하는 것이 중요하다. 만일 첫 시작 단계에서 평정심을 유지하며 침착하게 자신의 능력에 대한 자신감을 가진다면, 새로 맡은 직책에서 가능한 최선의 출발을 할 수 있는 기회를 스스로 갖게 될 것이다.

리더는 언제나 무엇을 해야 할지 잘 알고 있을 것이라고 생각하는 사람들에게는 좀 이상한 얘기겠지만, 나는 새로운 직책을 맡고서도 제대로 일을 시작하는 방법을 모르는 고위 중역들을 아주 많이 보았다. 사실, 이 시기엔 할 일이 너무 많다. 때로는 첫 발걸음을 어떻게 내디뎌야할지 제대로 아는 것이 매우 어려울 수 있다. 그래서 많은 이들이 무작정 일에 뛰어들어서 문제와 맞닥뜨리게 되면 끙끙대며 씨름하고, 그러다 다음에 또 다른 문제가 나타나면 그때 또 대처하는 식으로 하게 된다. 이렇게 무작정 단도직입적으로 시작하는 것도 나름대로 하나의 출발법이 될 수는 있겠지만, 이런 방식이 최선이라고 할 수는 없다. 이렇게 근시안적이고 지나치게 즉흥적으로 일을 처리하다 보면 사려 깊고 전략적인 방식으로 접근하기가 힘들어지기 때문이다.

앞으로 이어지는 후속 챕터에서는 여러분이 새로운 직책을 맡아 공식적으로 업무를 시작하기 전에 어떤 준비 작업을 할 수 있는지, 그리고 업무를 시작할 때는 어떤 행동들을 취해야 하는지에 대해 합리적인 접근법과 필수적인 조치들을 정리했다.

준비

1 이전에 해오던 역할에서 벗어나라
2 자신만의 에너지관리시스템을 세워라
3 새로운 자리로 옮겨가는 데 따른 핵심 도전과제들을 파악하고 이해하라
4 새 직책과 조직, 시장에 대해 상세한 프로필을 작성하라
5 목표를 염두에 두고 시작하라

스타트

1 '취임 후 첫 100일' 계획을 출발시켜라
2 관리자가 아닌 리더의 모습으로 등장하라
3 실질적이고 업무적인 본질substance뿐 아니라 시선을 사로잡는 인간적인 매력sizzle도 필요하다
4 EQ도 IQ 못지않게 중요하다
5 첫 30일의 결정적인 성공 요인 : D1~D30

> 첫 100일 고객의 사례 연구

은행에서 프리미엄 서비스 영업담당 글로벌 책임자로 새로 임명된 A씨의 사례

이 자리에 임명되어 너무 기분이 좋다. 하지만 앞으로 어떻게 해야 하지?

A씨는 40세이고 이 회사의 유럽 리더십 팀에서 비교적 젊은 축에 속하는 멤버이다. 그는 그룹 CEO로부터 전화를 받고 놀랐지만, 자신이 은행의 프리미엄 서비스 영업담당 글로벌 책임자로 새로 임명되었다는 소식을 듣고 기뻤다. 그는 글로벌 리더의 자리로 이례적으로 빨리 승진한 케이스로 프리미엄 서비스 기업금융 부서의 영업과 마케팅을 책임지게 되었는데, 우선은 유럽과 아시아 지역의 고객 전략에 집중하게 된다.

원래 이 직책을 맡고 있던 B씨는 경쟁사로 옮기기 위해서 갑자기 사직했다. 그는 이 직책이 지닌 비밀스런 성격과 경쟁사로 옮겨간다는 사실로 인해서 보안요원의 에스코트를 받으며 회사에서 쫓겨나듯이 나갔기 때문에, 매끄러운 업무 인수인계는 생각할 수도 없는 상황이었다. A는 자신이 이끌 팀과 관련해서 전임자로부터 어떤 문제들을 물려받게 될지 알지 못했다. 전임자인 B는 업무 스타일이 구식이라 위계질서를 중시했으며, 목표 달성을 위해 자신이 선호하는 소수의 팀원들에게만 중요한 업무를 의지함으로써 팀 내에 분란을 야기하는 경향이 있다는 얘기를 들은 적이 있었다.

A가 새로 맡게 될 아시아 시장은 매우 중요한 시장이지만, 그는 아시아 시장의 이해관계자들을 내부적으로나 외부적으로나 잘 알지 못했다. 아시아에서는 인간관계 관리가 매우 중요하다는 사실을 감안하면, A는 좋은 인간관계를 통해 목표를 달성한다는 측면에서는 이미 불리한 상황에 놓여 있었다.

회사는 높은 수익률의 성과를 빨리 내기 바라는 주주들로부터 상당한 압력을 받고 있는 상황이었으며, A가 책임지게 될 아시아 시장의 수익과 성장 잠재력 부분은 글로벌 수익의 최대 10퍼센트까지 차지하고 있었다. A가 맡게 된 팀은 능력 면에서 다양한 사람들이 섞여 있는 그룹이었고, 그는 CEO와의 대화를 통해서 자신이 처음 해야 할 일은 최근 회사에서 요구하는 윤리기준을 맞추지 못한 것으로 드러난 팀원 한 명을 해고하는 것이라는 사실을 알고 있었다.

팀원들은 B의 갑작스런 퇴사에 당황해 하고 있었으며, 새로운 상사가 어떤 식의 업무 스타일을 취할지 알지 못하는 상태였다. 그리고 새로 오는 상사는 대부분의 팀원보다 나이가 더 젊었다. 팀원들 중에는 머리는 똑똑할지 몰라도 직책에 요구되는 경륜이 부족한 젊은 인재를 고속 승진시키는 회사 방침에 분개하는 사람도 있었다.

그리고 팀원을 해고해야 한다는 일 외에도 새로 맡은 직책의 업무를 어떻게 시작해야 할지, 전체적인 역할이 즉각적으로 분명하게 드러나 보이지 않았다. A가 새로 맡은 자리는 업무 내용이 잘 확립된 직책이 아니라, 주로 아시아 시장에서 새로 부상하는 기회에 대응하기 위해 4년 전에 만들어진 자리로서 실제 업무를 구체적으로 규정한 직무기술서 job description 도 없었다. 그의 상사는 그룹 CEO였는데, CEO는 그룹 차원의 긴박한 우선순위 현안을 챙기느라 바빴기 때문에 그냥 A가 새 직책에 빨리 적응해서 스스로 알아서 자신의 역할과 리더십 목표들을 규정해나가 주길 기대했다. 즉, 그가 새로 맡은 자리는 죽든 살든 스스로 알아서 해야 하는 고강도 직책으로, 성공할 경우 보상은 크지만 커리어 관점에서 위험부담도 큰 자리였다.

더구나 A는 연말까지 현재 맡고 있는 직무와 관련된 일들을 계속 처리해야 했기 때문에 후임자가 임명되기 전까지, 다시 말해 앞으로 8주간은 기존의 직책에서 해오던 업무를 마무리해야 했다. 따라서 후임자를 찾을 때까지는 새 직책에 대해 생각할 겨를도 제대로 없는 상황이었다.

A는 야망이 큰 사람이고, 자신이 새 직책에서 잘할 경우 그룹 최고경영진까지 고속 승진할 수 있는 기회가 열릴 것이라는 점을 알고 있었다.

갑자기 승진한 데 대한 압박감이 엄청나게 커졌다. 드디어 새 직책에서 업무를 시작하는 날까지 2주일이 남은 월요일 새벽 4시, A씨는 잠을 이루지 못하고 계속 뒤척였다. '승진해서 이 자리로 오게 된 건 너무 좋은 일이지만, 앞으로 어떻게 해야 하지? 내가 과연 이 일을 제대로 해나갈 수 있을까?'

Chapter 1
준비

1 이전에 해오던 역할에서 벗어나라
2 자신만의 에너지관리시스템을 세워라
3 새로운 자리로 옮겨가는 데 따른 핵심 도전과제들을 파악하고 이해하라
4 새 직책과 조직·시장에 대해 상세한 프로필을 작성하라
5 목표를 염두에 두고 시작하라

 # 이전에 해오던 역할에서 벗어나라

첫 번째 단계는 기존에 맡고 있던 역할을 후임자에게 넘겨주는 것이다. 이렇게 말하면 너무나 당연한 사실을 얘기하는 것처럼 들리겠지만, 내 경험에 비춰볼 때 많은 사람들이 새 역할을 맡은 다음에도 이전 역할에서 그렇게 빨리 벗어나지 못한다.

먼저 가능한 한 빨리 기존 업무와 관련된 애착을 버리고 손을 떼는 게 중요하다. 그 이유는 새로 맡은 역할에 여러분의 모든 시간과 에너지, 그리고 생각을 집중시킬 필요가 있기 때문이다. 그

> 이전 역할은 이제 끝났으니 과감하게 손을 떼라

러니까 여러분이 지금까지 얼마나 헌신적으로 일해 왔건 상관없이 이전의 역할은 끝났으며, 이제 그 일은 더 이상 여러분의 책임이 아니라는 사실을 기억하기 바란다. 맡고 있는 자리에서 떠난다는 이임 통보를 받는 순간부터 곧바로 지금까지 맡고 있던 역할을 마무리하는 작업을 시작하라.

고위직 중역 중에는 다음과 같은 잘못된 이유 때문에 자신의 이전 역할에 계속 관여하는 경우가 있다.

- 오랫동안 해 와서 익숙해진 업무 영역에 계속 머물고 싶은 마음
- 자신이 이루어놓은 업적이 후임자의 손에서 제대로 관리될지에 대한 걱정
- 호흡을 맞춰 온 기존 팀원들과의 정서적인 유대감

● 후임자가 자기만큼 잘하지 못할 것이라는 잘못된 믿음

　나는 우리에게 '첫 100일' 상담 의뢰를 해 오는 사람들에게 항상 이전 역할에서 100퍼센트 벗어났는지, 그리고 새 역할에 100퍼센트 집중하고 있는지부터 먼저 체크한다. 이전 역할에서 벗어나지 못하면 새로운 출발이 느려질 수밖에 없기 때문이다!
　이 책의 사례연구에 등장하는 A씨처럼 내부 승진자인 경우, 외부에서 스카우트된 사람, 즉 기존 회사와의 관계를 완전히 정리하고 물리적으로 기존 회사 건물에서 나오는 사람보다 이전 역할과의 고리를 끊기가 더 어려운 경우가 많다.
　또한 후임자를 찾을 때까지 양쪽 역할을 모두 해야 하는 경우에도 새 역할로의 이행과정이 더 어려워질 수 있다. 그리고 내부 승진자의 경우, 이미 조직에 대해 잘 알고 있고 관련 문제들에 대해서 고정관념을 가지고 있을 가능성이 높다. 자신에게 너무 익숙한 곳일 경우 새로운 관점을 도입하기 어려운 법이다. 외부에서 기용돼 오는 사람은 이런 내부적 짐이 없기 때문에 초기에는 그런 사실 하나만으로도 유리한 위치에 설 수 있다.
　여러분이 기존 업무와 새 업무 두 가지를 동시에 하려고 할 경우 '취임 후 첫 100일'의 성공 가능성은 그만큼 낮아진다. 그렇다면 내부 승진자의 경우 어떻게 하면 '취임 후 첫 100일'의 기간에 빠른 스타트를 할 수 있을까?
　내부 승진자는 우선 매우 적극적인 자세로 외부에서 온 사람과 동일한 위치에 설 필요가 있다. 그러기 위해서는 인위적으로라도 그에 필요

한 업무정리를 할 필요가 있다.

- 회사와 상의해서 기존 직책의 종료일을 명확하게 정한다.
- 후임자가 아직 오지 않았다면 임시 책임자를 임명해서 업무를 완전히 인계한다.
- 회사와 상의해서 새 직책의 공식 개시일을 정하고, 그때까지 새 업무를 시작하지 않는다.

2 자신만의 에너지관리시스템을 세워라

'취임 후 첫 100일'은 모든 시선이 당신에게 쏠리는 치열한 시기로서 업무성과를 조기에 보여줘야 한다는 압박감이 상당할 것이다. 따라서 준비과정이라고 할 수 있는 기존의 역할에서 새 역할로 옮겨가는 사이에 휴식 시간을 만들어라. 이전 역할에서 벗어나 심신을 회복할 시간, 앞으로의 새로운 도전에 대비하기 위한 시간이 필요하기 때문이다.

> 목표 수행을 위해 자신의 몸을 에너지가 넘치는 최적 상태로 만들어야 한다

중요한 경주를 끝내고 다음 경주를 위해 휴식하는 육상선수처럼 자신에게 휴식시간을 줄 필요가 있다.

나는 상담 의뢰를 해오는 사람들에게 기존 직책과 새 직책 사이의 기간에 최소한 2주일간의 휴가를 쓰라고 권한다. 그러면 이 휴가 기간 동안 이전 직책에 관한 생각을 비우고, 새로운 에너지를 충전한 상태로 새 직책의 첫 100일로 들어갈 수 있게 되기 때문이다. 넘치는 에너지를 갖

▶ 표 1.1 취임 첫 100일의 에너지 관리

정서적 관리	업무 전후와 중간에 혼자 있는 시간과 공간이 충분히 생기도록 일정을 조절해서 그동안 쌓인 긴장과 압박감을 풀 수 있도록 한다.
신체적 관리	규칙적으로 운동하고 영양분이 많은 건강한 음식을 먹는다. 자신의 신체 시스템에 예비 에너지를 비축하도록 노력한다.
지원군의 구축	제3자의 도움을 받는다. 내부에서 멘토를 찾는다. 외부에서 코치를 구한다. 가족이나 연인이 당신을 이해하고 너그러운 마음을 갖도록 만든다. 사생활이 방해가 되지 않도록 잘 관리한다.

고 새 직책에 임해 일찌감치 강력한 인상을 줄 수 있으려면 목적 달성을 위해 최적의 몸 상태를 만들어놓아야 한다.

'취임 후 첫 100일'은 여러분의 개인적 삶에서 평소와 다름없이 평온한 시기가 아니다. 새로운 역할을 맡아 시작한다는 것은 자신의 몸에 스트레스를 크게 증대시키는 중대 사건이다. 비축된 에너지가 부족한 경우에도 새 역할에 대한 흥분이 그 자리를 대신 메워줄지 모르지만, 들뜬 기분에 집을 새로 단장하거나 친지들을 초대하거나 해서 여러분이 받는 스트레스를 더 가중시키는 일은 하지 말기 바란다.

'취임 후 첫 100일'의 성공을 원한다면 냉철한 사고를 유지하고, 사생활에 문제가 생기지 않도록 잘 관리해야 한다.

나는 리더십 코치를 시작하던 초기에 '취임 후 첫 100일'의 기간 중 몸이 아프다고 말하는 사람들이 많다는 사실에 주목했다. 이들은 대부분 '독한 감기'에 걸렸다고 얘기했으며, 평소에는 잘 아프지 않는 체질인데 왜 갑자기 앓게 되었는지 모르겠다는 말을 했다. 자신이 겪는 증상이 새 직책으로 인한 스트레스 증대와 아무런 상관관계가 없는 것처럼 말하고 있었는데, 이것은 큰 스트레스가 제공한 원인과 독한 감기라는 결과에 대해 완전한 무지를 드러내고 있었다.

그래서 이제는 '취임 후 첫 100일'이라는 도전이 초래하는 스트레스가 신체적 증상으로 나타날 수 있다는 사실을 사람들이 받아들이도록 선행 학습을 시키고 있다. 우리는 스트레스 수위가 상승하는 것을 관리하거나 완화하는 전략을 채택함으로써 미리 예상되는 패턴을 앞서 나간다. '취임 후 첫 100일' 계획의 수립은 상담 의뢰인의 자신감을 상승시키고 스트레스를 완화하는 데 도움을 주지만, 나는 이와 함께 의뢰인이 시간을 내서 골프나 요가처럼 마음을 안정시키는 운동을 하도록 장려한다. 그리고 업무일 동안에도 혼자 있는 조용한 시간을 따로 떼놓음으로써 마음을 평온하게 하고, 일의 우선순위를 새로 정립하는 시간을 규칙적으로 가지라고 권한다. 오전에 20분, 오후에 20분 정도의 짧은 시간을 투자하는 것으로 하루 종일 평정심을 유지하고 일의 올바른 우선순위에 집중하도록 해주는 놀라운 혜택을 기대할 수 있다.

첫 100일 고객의 사례 연구

은행에서 프리미엄 서비스 영업담당 글로벌 책임자로 새로 임명된 A씨의 사례

압박감을 느끼고 있다는 사실을 인정해도 괜찮다

A씨는 이전에 제3자의 도움을 받는 것을 고려한 적이 한 번도 없었지만, 한 동료가 새로운 역할 도전에 관해 상담할 수 있는 '첫 100일' 전문가를 추천하자 이를 매우 반갑게 받아들였다. 그리고 A씨는 '첫100일' 코치가 들려주는 경험담과 다양한 사례들을 듣고 놀랐다. A씨는 상담 메모를 읽으면서 자신이 이번 도전에서 성공하기 위해서는 배워야 할 점이 많다는 사실을 알게 되었다.

A씨를 만난 상담코치의 첫 번째 상담 메모

상담코치로서 가장 걱정되는 때는 새로운 일을 시작하기에 앞서 압박감에 시달리면서도 압박감을 느끼지 않는다고 자신과 다른 사람들을 설득시키려 드는 고객을 만날 때이다. 이 사람이 아무런 문제도 없는 척하는 것 외에 다른 대처법은 모르는 것인지 걱정 되는 위험 신호가 보이기 때문이다. 자신이 압박감을 느끼고 있다고 인정하는 것은 좋은 일이다. 그렇지 않을 경우 현실에 눈과 귀를 막게 되고, 그러다 보니 매우 치열한 업무에 대처할 전략을 제대로 개발하지 못하게 된다.

리더가 해야 할 일에는 언제나 압박감이 따른다. 그렇기 때문에 모든 리더는 이 압박감을 완화시킬 수 있는 테크닉이 필요하다.

여기엔 요가나 골프에서부터 혼자 있는 조용한 시간, 개를 데리고 산책하기, 명상하기, 업무시간 중에 20분 정도의 '타임아웃' 시간을 규칙적으로 갖는 것 등 다양한 방법이 있다.

현실을 부정하는 것은 자칫 심장발작까지 불러올 수 있는 대단히 위험한 발상이다. 그러므로 보다 현실적이 될 필요가 있다. 솔직하게 새로 맡은 업무 때문에 압박감을 느끼고 있다고 말해도 괜찮다. 다시 말해, 새로 중요한 직책을 맡았는데 어떻게 압박감을 느끼지 않을 수 있겠는가? 당신은 은행의 프리미엄 서비스 영업담당 글로벌 책임자로 새로 임명됐는데, 당신의 전임자는 인수인계도 제대로 하지 않고 퇴사했다. 인적 자원도 매우 부족한 상태이며, 중요한 아시아 시장의 이해관계자들과 좋은 인간관계를 빨리 구축해야 하고, 분기 실적도 걱정해야 한다. 또한 사무실을 옮기는 데 따른 스트레스도 있고, 최근에 다녀온 해외출장으로 인해 시차에 따른 피로가 여전히 남아 있을 수도 있으며, 최근에는 불면증으로 고생하고 있다고 말했다.

그러니까 이것을 인정하고 받아들여라. '새로 맡은 직책 때문에 압박감이 크다. 정신이 없다. 정신없이 돌아가는 이 상황이 통제가 안 되는 느낌이다.' 라고 크게 말하라.

이렇게 하지 않으면 당신은 땅바닥에 발을 딛지 못한 느낌이 들게 되고, 비현실적이며 진실을 직면하지 못하는 상태에 놓이게 될 것이다.

압박감에 시달리고 있다는 사실을 과감하게 받아들인다면 그 다음 이에 대해 뭔가 조치를 취해야 한다. 자신이 압박감을 느끼고 있다는 사실을 인정하면 이 압박감을 완화시켜 줄 방법을 쓰기 시작해야 하는 것이다. 그리고 압박감을 완화할 방법을 사용하기 시작하면, 낮이 지나면 밤이 오는 것과 마찬가지로 자연스럽게 압박감이 완화되고 해소되기 시작할 것이다. 그렇게 하면 당신의 기분은 차츰 나아지고, 나아가 업무수행을 잘 할 수 있는 몸 상태를 회복하게 될 것이다.

A씨는 새로운 직무가 주는 부담에 압도되는 느낌을 받으면서 코치와의 상담에 임했는데, 상담이 끝난 후 마음이 훨씬 안정되는 느낌이었다고 했다. 자신이 평소보다 훨씬 더 많은 압박감을 느끼고 있다는 사실을 인정하는 것만으로도 안도감을 되찾을 수 있었다. 다음은 이런 압도된 느낌이 다시 찾아와서 업무수행을 방해하지 않도록 만들 필요가 있었다. 코치는 그에게 새 역할을 위해 제대로 준비하는 방법에 대해 몇 가지 일러주었고, A씨는 새로 맡은 일을 시작하기에 적당한 준비상태가 되었다는 느낌을 갖게 되었다.

 새로운 자리로 옮겨가는 데 따른
핵심 도전과제들을 파악하고 이해하라

'취임 후 첫 100일'의 성공을 위한 일차적 과제는 전략적으로 올바른 우선순위를 정해서 계속 그 일에 집중하는 것이다.

너무 간단한 말이라고 생각되는가? 그렇지만 이를 실제로 실행에 옮기는 것은 결코 쉬운 일이 아니다. 새로 임명된 리더들이 공통적으로 겪는 어려운 문제들이 있는데, 이 문제들은 새로운 자리로 옮겨가는 모든 경우의 이행과정에 내재해 있다. 이 난제들은 갖가지 예기치 않은 난관을 불러오고, 업무를 성공적으로 수행하는 데 방해가 되기도 한다.

이행과정에 겪게 되는 핵심 난제들은 다음과 같다.

- 시간 압박과 극심한 학습 부담
- 즉시 해결해야 하는 급한 문제와 앞으로 해야 할 우선순위 사이에서 겪게 되는 혼란
- 새로운 네트워크 구축 및 새로운 이해관계자들과의 인간관계 수립에 에너지를 투자해야 하는 과제
- 전임자가 남긴 문제들을 처리하는 것
- 팀을 물려받거나 새로 팀을 구성하는 일, 그리고 어려운 인사결정을 내려야 하는 일과 관련된 어려움
- 외부에서 스카우트 된 사람의 경우, 새로운 회사의 문화에 대한 경험 부족으로 인해 무심코 실수를 하게 되고, 초기에 인간관계에서 심각한 문제를 겪을 수 있다. 이런 일은 회복하는 데 시간이 걸릴 수 있다

- 새 업무에 너무 빨리 뛰어드는 것과 너무 느리게 뛰어드는 것 사이에서 균형 잡기가 쉽지 않다

위의 사항들은 모두 고려해 볼 가치가 있는 내용이므로, 이 리스트를 자세히 읽어보고 이행과정에 수반되는 이 난제들을 여러분이 처한 상황에 어떻게 적용할 수 있을지 잘 생각해 보도록 한다.

표 1.2에서 제시하고 있는 이행과정의 핵심 난제들을 훑어보고, 각 사항을 자신이 처한 상황에 적용해서 여러분이 앞으로 헤치고 나갈 앞길에 어떤 도전들이 기다리고 있을지 잘 파악하고 이해하도록 한다.

끈기 있게 준비하는 것, 그리고 자신이 직면하고 있는 현실을 잘 아는 것이 첫 번째 단계다. 이 '준비' 단계에서 여러분이 이행과정에 나타나는 모든 난제를 이해하기 위한 휴식 시간을 가질 수 있다면, 여러분은 이 난제들을 극복하고 처리하는 데 필요한 관찰력과 통찰력, 그리고 아이디어들을 보다 빨리 갖출 수 있게 된다. 이행과정의 난제들에 대한 이해는 여러분이 '취임 후 첫 100일' 계획을 수립하는 데 밑바탕을 형성하게 될 것이다.

그렇다면 이행과정의 난제들을 이해하는 것으로 '취임 후 첫 100일' 계획을 수립할 준비가 다 된 것일까?

물론 아니다! 내 경험에 비춰 보면 비즈니스 리더들은 대부분 '취임 후 첫 100일' 계획의 수립에 너무 열성적이어서 자신들이 직면한 도전 과제를 좀 파악했다고 생각하자마자 곧바로 앞으로 해야 할 일의 리스트를 작성하려고 한다. 그렇지만 이런 접근법은 너무 근시안적이고, 그런 리스트는 충분한 생각이나 선견지명 없이 너무 조급하게 작성되기

▶ 표 1.2 이행과정의 핵심 난제

시간 압박과 극격한 학습 부담	새 직책에서 실질적인 성과를 내려면 시간이 걸리지만, 비즈니스와 시장은 멈추지 않으며, 여러분이 따라올 때까지 기다려주지 않는다. 아직 익숙하지 않은 가운데서도 결정을 내려야 하고, 이에 따라 압박감이 쌓일 수 있다. 효과적인 업무수행을 위해서는 이런 압박을 잘 관리해야 한다.
즉시 해결해야 하는 급한 문제와 장기적인 우선순위 사이에서 오는 혼란	시급한 업무 과제와 현안 해결을 위해 곧바로 돌진하고 싶겠지만, 이때 한발 물러설 줄 알아야 한다. 어떤 과제들을 계속 추진해야 하고 어떤 것들을 중단시킬 것이며, 또 어떤 것을 새로 시작해야 하는지, 시간을 두고 보다 큰 그림을 봐야 한다.
새로운 네트워크 구축 및 새로운 이해관계자들과의 인간관계 수립에 에너지를 쏟아야 할 필요성	올바른 비전과 전략을 갖고 있다고 해도 다른 사람들을 설득하지 못한다면 아무 소용이 없다. 새로운 조직문화 적응이 쉽지 않고 여러분이 추진하는 변화에 사람들이 저항할 수도 있다. 영향력 있는 사람과 이해관계자들과의 네트워크 형성에 일찌감치 투자한다.
전임자가 남긴 문제 처리	전임자가 어떤 사람이었느냐에 따라 여러분이 새로 맡은 팀은 평판이 좋을 수도 있고 나쁠 수도 있다. 전임자가 남긴 나쁜 습관이나 행동 패턴, 규율 등을 고치는 데 시간이 걸릴 수 있다. 전임자가 팀원들의 사랑을 많이 받은 경우에는, 기존의 업무방식을 바꾸려고 하는 새로운 인물을 팀원들이 싫어할 수 있다.
팀을 물려받거나 새로 구성하는 일, 그리고 어려운 인사 결정을 내려야 하는 어려움	여러분이 오기 전에 능력이 부족한 사람들은 미리 정리되었을 것이라는 기대는 하지 마라. '취임 후 첫 100일' 기간의 핵심 과제 중 하나는 팀원들의 자질을 평가해서 어떤 사람이 계속 남고 어떤 사람이 떠나야 하며 또 어떤 사람이 더 필요할지 결정하는 것이다. 그리고 가장 유능한 팀원 가운데 당신이 새로 임명된 그 자리에 지원했다가 뜻을 못 이룬 사람도 있을 것이다. 이런 사람은 의기소침하고 화가 난 상태에 있을 수도 있다.

외부에서 스카우트 된 사람의 경우, 새로운 회사의 문화에 대한 경험부족으로 무심코 실수하거나 초기에 인간관계에서 심각한 과오를 저지를 수 있다. 이런 일은 회복하는 데 시간이 걸릴 수 있다	여러분이 하는 행동은 사소한 것에서부터 심각한 것까지 모두 여러분의 성격을 드러내는 징후로 판단된다. 예를 들어 회의 중에 휴대폰을 확인하는 단순한 행동도 너무 자신만만하고 건방진 것으로 비쳐져서 새로운 이해관계자들이 당신에 대해 좋지 않은 기분을 가지도록 할 수 있다. 새로 들어간 조직에서 통용되는 규범이나 행동이 어떤 것인지 파악하기 위해 정신을 바짝 차리고 '고도의 경계상태' hyper alert를 갖추고 있어야 한다.
너무 빨리 움직이는 것과 너무 느리게 움직이는 것 사이에서 균형 잡기	새로운 자리에 가면 긴장한 탓에 패닉 상태에 놓여 지나치게 많은 행동을 하거나(닥치는 대로 이것저것 행동하지만 핵심 문제는 다루지 못하는 것), 반대로 미적거리며 행동을 너무 안 할 수 있다(예를들어 '처음 3개월간은 남의 의견만 듣고, 그 다음에 본격적으로 일을 시작해야지' 하는 생각). 이런 양극단의 행동은 도움이 되지 않는다. 이 두 가지 행동 스타일 사이에서 적절한 균형점을 찾아야 한다.

때문에 해야 할 일을 모두 포함시키지 못하는 경우가 많다.

그러므로 '취임 후 첫 100일' 계획서를 작성하기 전에 최선의 준비법으로 다음과 같은 RSSG **Ready-steady-steady-go** 공식을 적용해 보기 바란다.

R(Ready: 준비) 먼저 자신이 해결해야 할 이행 난제들이 무엇인지 파악한다.

S(Steady: 철저한 준비) 자신이 맡을 역할과 조직, 그리고 시장에 대한 상세한 프로필을 구축한다.

S(Steady: 착실한 준비) 자신이 궁극적으로 달성하고자 하는 전략적 목

표를 염두에 두고 준비를 진행한다.

G(Go: 행동 개시) 그런 다음 '취임 후 첫 100일' 계획서를 작성하기 시작한다

부디 인내심을 갖고 이 RSSG **Ready-steady-steady-go** 공식을 적용하기 바란다!

그러니까 당장은 '취임 후 첫 100일' 계획서 작성을 시작하고 싶은 유혹을 떨쳐버리고, 다음 단계, 즉 자신의 역할과 조직, 그리고 시장에 대한 상세한 프로필을 구축하는 준비작업부터 시작하도록 한다.

4 새 직책과 조직, 시장에 대해 상세한 프로필을 작성하라

　새 업무를 맡으면 마주치게 될 이행 난제들을 파악한 후에는 한발 물러서서 더 큰 그림, 즉 여러분이 앞으로 일하게 될 곳의 '전체 시스템'을 보도록 한다. 다음 그림의 중앙에 여러분이 있고, 여러분은 리더로서 그 조직 안에서 어떤 역할을 맡고 있다. 그리고 나아가 보다 큰 그림인 시장도 염두에 두어야 한다. (그림 1.1 참조)

　여러분이 직면한 기회와 도전을 제대로 파악하기 위해서 이 시스템의 각 요소에 대한 상세 프로필을 구축해야 한다. 이 준비 단계를 잘 활용해야 한다는 사실을 기억하기 바란다. 여러분은 곧 새로 맡은 직책에서 요구되는 매일 매일의 업무에 정신이 없을 것이기 때문에, 이 시기는 여러분이 가장 냉철한 상태에 있는 시기이다. 지금은 큰 그림을 이해해야 할 때다. 가능한 가장 넓은 관점으로 전체 시스템의 그림을 살펴보고, 앞으로 여러분을 기다리고 있는 것들에 대한 정보와 통찰력을 계속 축적해 나가도록 한다.

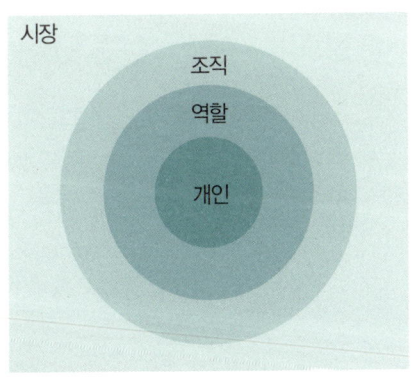

▶ 그림 1.1 전체 시스템 접근법

프로필 구축 작업	
새로 리더가 된 당신 자신의 프로필	• 당신에게 '리더 자리로의 승진' leadership step-up은 어떤 의미를 갖는가? (**예** 처음으로 한 부서의 관리자로 승진하는 것? 기능적 전문가에서 전체 관리자가 되는 것? 업무 관리자에서 사업체의 관리자가 되는 것?) .... • 조기에 강한 인상을 주고 업무성과를 신속히 내기 위해 활용할 수 있는 어떤 강점이나 수단, 그리고 경험을 갖고 있는가? 즉 당신이 이 직책을 맡아 보여줄 수 있는 자신만의 강점이 무엇인가? ....
역할에 대한 상세 프로필	• 당신이 새 업무를 실제로 시작하기 전에 지금 미리 공부해 둘 수 있는 산업·제품·전략 관련 학습 내용이 있는가? .... • 이 직책에서 어떤 일을 해달라는 요청을 받았는가? 사람들이 이 직책에서 당신으로부터 기대하는 것은 어떤 것들인가? ....

| 역할에 대한 상세 프로필 | • 팀원들의 능력과 관련해 어떤 것을 알고 있나? 앞으로 알아야 할 부분은 어떤 것인가?

• 다른 사람들이 당신과 당신이 맡은 업무에 대해 어떤 얘기를 하고 있는지 알아내라. |

| 조직에 대한 프로필 | • 당신은 새 직책과 관련해 어떤 비전을 갖고 있는가? 당신이 가진 비전이 조직의 비전과 미션에 어떻게 연결되는가? 당신은 조직을 위한 가치 창출을 어떻게 할 수 있나?

• 회사의 인터넷 사이트를 체크해서 CEO와 최고경영진의 프로필을 작성해라. 당신의 새 직책과 관련된 이해관계자들은 누구인가? 핵심적인 결정을 내리는 사람은 누구이고, 영향력이 큰 사람은 누구이며, 방해자가 될 가능성이 있는 사람은 누구인가? |

조직에 대한 프로필	• 새로 맡을 조직과 부서, 팀의 문화에 대해, 규범과 가치에 대해 무엇을 알고 있는가? 업무를 시작하기 전에 이 회사의 조직문화에 대해서 보다 많은 정보를 줄 수 있는 사람을 만나야 하는데, 그런 사람은 누구인가?
시장의 큰 그림	• 시장에 대해 생각해라 – 당신의 (내부적 외부적) 고객은 누구인가? 당신의 경쟁자는 누구인가? 시장과 관련해 당신이 직면한 최대의 도전과제는 무엇인가? 시장 움직임 market dynamics은 어떤 상태인가?

이러한 프로필 구축 작업을 하면서 얻은 단서들을 이용해 시간을 들여 폭넓고 깊게 생각하면서 여러분이 처한 상황의 그림을 그려 보도록 한다. 그러면 '취임 후 첫 100일'의 기간에 전체 시스템을 보다 빨리 이해하고 나아갈 길을 보다 쉽게 찾을 수 있을 것이다.

이 '준비' 단계에서는 무엇보다도 성급한 판단을 내리지 말아야 한다. 이 단계에서 어느 정도 정보를 얻었다 해도 아직은 여러분이 모든 관계자들을 다 만나지는 않았다는 사실을, 그리고 아직 실제 역할을 경험하지 않았다는 점을 명심해야 한다. 단서는 가지고 있지만 필요한 증거를 모두 확보하지 못한 탐정처럼 행동하라는 말이다. 앞으로 직면하게 될 것들의 프로필을 계속 구축해 나가는 동시에 최종 판단은 유보하라는 것이다. 그래야만 업무를 개시한 이후에 실제로 부딪친 현실과 자신의 직접 체험을 통해 자신의 관점을 지혜롭게 조정해 나갈 수 있게 된다.

5 목표를 염두에 두고 시작하라

'취임 후 첫 100일' 계획서를 작성할 준비를 마치려면 마지막 준비 단계를 하나 더 거쳐야 한다. 여러분은 지금까지 이행과정의 어려운 문제들을 이해하고 역할·조직·시장의 프로필을 구축하는 데 노력을 집중했는데, 이것은 과거와 현재의 상황에 관한 정보를 수집하는 방법으로 매우 중요한 것이었다. 그런데 미래에 일어날 상황에 대해서는 어떻게 해야 하나? 여러분이 새로 맡은 직책에서 성취하고자 하는 것은 무엇인가? 지금부터 2년 후 여러분이 서 있는 모습을 그려 본다면, 여러분이 어떤 성공을 거두었고, 어떤 상황에 놓여 있다고 묘사하고 싶은가?

새 직책에 대한 비전과 미래를 보다 전략적으로 생각한다는 것은 곧 여러분이 '취임 후 첫 100일'의 기간에 성취해야 하는 것에 대해 보다 전략적으로 행동하게 된다는 것을 의미한다. 전략적인 목표를 염두에 두고 시작하게 되면 '취임 후 첫 100일' 동안에 완성할 새로운 전략적 이니셔티브를 구상해낼 가능성이 더 높아진다.

목표를 염두에 두고 시작하라

1. 2년 동안에 할 역할 지평 role horizon 을 그려 본다
   - 새로 맡은 직책에서 앞으로 2년 동안 어떤 목표를 성취하고 싶은가?
2. 첫 12개월의 전략적 우선순위를 정하라
   - 앞으로 2년 안에 성취하고 싶은 목표를 감안할 때 첫 12개월 동안 우선적으로 할 일은 어떤 것인가?

이 모든 것을 종합적으로 다 고려할 수 있게 되면 비로소 여러분은 '취임 후 첫 100일' 계획서 작성을 시작할 준비가 되었다고 할 수 있다.

> 자신이 어디로 가고 있는지 모른 채 출발하면 전혀 엉뚱한 곳에 도착할 수 있다

위에 설명한 준비 과정에서 필요한 정보를 수집할 때, 여러분은 새 직책에서 공식적으로 업무를 개시하기 전에 여러분의 상사와 핵심 이해관계자들을 만나야할지 모른다. 사람들은 대부분 이런 행동을 반기고, 기꺼이 받아들인다. 그리고 그것은 새로 맡은 직책에 대한 여러분의 열정을 드러내는 긍정적 표시로 간주될 것이다. 그렇지만 시작도 하기 전에 '신참자'의 열정을 지나치게 많이 드러내서 사람들을 질리게 하는 일은 없도록 조심해야 한다. 비공식적인 성격의 편안한 만남을 통해 자신을 소개하는 것이 좋으며, 이런 만남을 통해 자신이 필요로 하는 정보를 자연스레 수집하는 것이 좋다.

1. 처음 2년간의 역할 지평을 그려 본다

여러분이 새 직책을 맡고 2년 동안 성취하고 싶은 일들의 리스트를 작성한다:

- 비전과 전략 관련 목표
- 사람과 팀 관련 목표
- 결과와 성과물 관련 목표

향후 2년간 이 직책에서 이루고 싶은 일들	2년 안에 성취하고 싶은 목표 리스트
비전과 전략 관련	…………………………………………………… …………………………………………………… …………………………………………………… …………………………………………………… **예** 우리는 고객을 찾아가는 '고 투' go to 프리미엄 서비스를 제공하고 있다. 다양한 제품 믹스 product mix 개발과 투자수익, 고객 서비스, 사람들이 일하고 싶은 회사 만들기 등의 측면에서 경쟁사에 앞서는 회사를 만든다.
사람과 팀 관련	…………………………………………………… …………………………………………………… …………………………………………………… …………………………………………………… **예** – 역동적인 리더십으로 이끄는 팀으로 정착하기 – 긍정적인 업무문화 정착 – 사람들이 일하고 싶어 하는 일터로 만들기 – 글로벌 감각으로 무장한 팀 만들기
결과와 성과물 관련	…………………………………………………… …………………………………………………… …………………………………………………… …………………………………………………… **예** – 매출 및 성장 목표 달성 – 일 잘하는 팀이라는 평판 얻기 – 모든 평가기준에서 좋은 성적 유지하기 – 탄탄한 재무 상태 (건전한 영업 파이프라인 구축 등)

나는 여러분이 새 직책을 맡는 계약기간이 3년 이상이거나 기한이 정해져 있지 않는 경우라 해도, 2년 후 새 직책을 떠난다는 가정 하에 일을 하라고 조언하고 싶다. 그렇게 해야 새 직책의 핵심적 과제에 도전하려는 절박감이 생기기 때문이다. 여러분이 만일 3년 걸리는 역할을 2년 안에 해낼 수 있다는 생각을 가진다면, 다음 직책으로 더 빨리 승진할 가능성도 그만큼 더 높아질 것이다! 그리고 요즘은 그 어느 때보다도 임기가 짧아지는 추세이기 때문에 업무수행 능력이 우수한 리더들은 2년 임기를 가정하는 것이 보다 현실적이다. 어느 쪽이든, 업무에 임하는 여러분의 발걸음은 빨라질 수밖에 없다는 말이다. 이제는 향후 3년을 내다보는 일이 그 어느 때보다도 어려워졌지만, 2년 앞을 내다보는 것은 그래도 가능한 편이다. 그리고 기간을 2년보다 더 짧게 잡으면 지나친 단기주의와 즉흥적인 전략으로 이어질 수 있기 때문에, 비전 개발과 전략적 기획에 도움이 되지 않는다고 본다. 만약에 여러분의 임기가 2년보다 더 길어질 경우에는 새로운 2년을 시작하는 마음으로 계획을 새로 설정하면 된다.

그런데 이처럼 2년의 임기를 상정하고 일하는 리더들은 업무 속도를 내는 과정에서 장기적 전략과 투자를 등한시하는 경우가 생기지 않도록 조심해야 한다. 나는 기업의 중역들에게 임기 중 잘못한 일들이 나중에 장기적 커리어에 짐이 되어 돌아온다는 사실을 기억하라고 조언한다. 따라서 단기적인 목표에만 집중해서는 안 되며, 조직을 이끌어간다는 관점에서 장기적으로 자신이 어떤 기여를 할 것인지 생각하고, 새로 맡은 직책의 임기를 넘어서서 지속적으로 남을 업적을 생각하고, 어떤 평판을 남길 것인지에 대해 생각하고 조언한다.

2. 첫 12개월의 전략적 우선순위를 정하라

2년 동안 성취하고자 하는 목표물의 리스트를 작성했다면, 이제 이 리스트를 염두에 두고 첫 12개월의 전략적 우선순위 리스트를 작성한다. 그리고 그것을 여러분이 다음 사항들에 대해서 이미 학습한 내용과 비교하며 점검하는 시간을 갖는다.

- 이행과정에서 만날 핵심 난제들
- 역할 · 조직 · 시장에 대한 상세 프로필 구축
- 이해관계자들과의 조기 대화

이해관계자들과의 조기 대화, 그리고 채용 면접이나 승진 과정에서 이번 직책에 관하여 들은 내용을 생각해 보자. 여러분에게 새로운 직책을 맡긴 데에는 이 직책을 여러분에게 '파는' selling 측면도 포함돼 있다는 점을 감안하기 바란다. 따라서 이 직책과 관련해 몇 가지 어려운 문제나 우선적으로 처리해야 할 일들이 언급되었을 수 있지만, 실제 그 직책이 처한 상황의 자세한 부분까지는 채용과정에서 설명되지 않았을 것이다. 특히 외부에서 사람을 스카우트하는 경우에는 해당 직책이 직면한 어려운 문제들을 좀 더 쉬운 일로 포장했을 가능성이 크다. 그리고 만약에 채용이 결정되고 실제로 업무를 시작하기까지 3개월 정도의 기간이 걸렸다면, 그 사이에 일의 우선순위가 바뀌고, 새로운 외부요인이 생기는 상황이 얼마든지 가능하다. 그러므로 '취임 후 첫 100일' 계획서를 작성하기에 앞서 여러분은 먼저 상사와 마주앉아 향후 12개월 동안 우선적으로 처리해야 할 업무의 우선순위를 재확인하고, 세부사항에 대해 합의를 이끌어내는 것이 필요하다.

그리고 상사와의 면담은 그가 '취임 후 첫 100일'의 기간에 여러분에게서 어떤 것을 기대하고 있는지 알아낼 수 있는 기회도 제공한다. 여러분은 분명 상사의 기대보다 더 잘하고 싶을 것이기 때문에, 상사와의 면담에서 알아낸 내용을 여러분의 '취임 후 첫 100일' 계획에 포함시키도록 한다.

당신이 세운 전략적 목표		
이 직책에서 향후 2년간 성취하고자 하는 것	2년 동안 성취하고 싶은 결과물 리스트	첫 12개월 동안 우선적으로 처리할 전략적 업무들
비전과 전략 관련	....	....
	예 우리는 고객을 찾아가는 '고 투 go to' 프리미엄 서비스를 제공하고 있다. 다양한 제품 믹스 product mix 개발과 투자수익, 고객 서비스, 사람들이 일하고 싶은 회사 만들기 등의 측면에서 경쟁사에 앞서는 회사를 만든다.	**예** 명확한 비즈니스 전략 정립 – 고객을 우리 제품 가치의 최고 중심에 다시 놓는다.

사람과 팀 관련

|예|
- 역동적인 리더십으로 이끄는 팀으로 정착하기
- 긍정적인 업무문화
- 사람들이 일하고 싶어 하는 일터로 만들기
- 글로벌 감각으로 무장한 팀 만들기

|예|
- 연말 사내 조사에서 직원들이 가장 일하고 싶은 부서 1위에 오르기
- 고객경험 담당 책임자 신규 임명
- 참신한 인재를 찾아내 팀에 합류시키기

결과와 성과물 관련		

예
- 매출 및 성장 목표 달성
- 일 잘하는 팀이라는 평판 얻기
- 모든 평가기준에서 좋은 실적 유지하기
- 탄탄한 재무 상태 (건전한 영업 파이프라인 구축 등)

예
- 분기별 매출 및 성장 목표 달성
- 연간 영업수익 목표 초과달성
- 건전한 영업 파이프라인 유지

첫 100일 고객의 사례 연구

은행에서 프리미엄 서비스 영업담당 글로벌 책임자로 새로 임명된 A씨의 사례

'취임 후 첫 100일 계획서' 작성 준비

A씨는 새로 맡을 직책과 관련해 지금까지의 준비 상황을 상의하기 위해 코치와 상담했다. 그는 새 직책을 앞두고 이번처럼 철저하게 준비한 적이 없었기 때문에 앞으로 나아갈 길에 대해 훨씬 더 자신감이 커지고 있음을 느꼈다.

A씨는 이행과정의 난제들을 검토하면서 자신의 팀원들, 그리고 부서 내의 보다 광범위한 사람들과의 유대를 강화하기 위해 조기에 더 많은 시간을 투자해야 한다는 점, 그들이 자신을 새 리더로 받아들이고 연대감을 느끼게 함으로써 업무수행에 대한 동기부여를 강화하려면 그렇게 할 필요가 있음을 깨달았다고 코치에게 말했다. A씨는 취임 후 첫 100일의 기간 동안 관심을 기울여야 할 그룹을 세 가지 유형으로 나누었는데, 다시 말해 자신에게 직접 보고하는 그룹(디렉터 directors)과 이들의 팀원들(시니어 매니저 senior managers), 그리고 나머지 인원(매니저급 이하)으로 분류했다. 그렇게 해서 각 그룹별로 각기 다른 회의 및 소통 방식을 사용할 수 있도록 했다. 직접 보고하는 디렉터급과는 일대일 면담을 하고, 시니어 매니저급과는 그룹 회의, 나머지 인원들과는 소셜 이벤트 형식을 취할 수 있을 것으로 생각한 것이다.

아울러 A씨는 이들과 서로 의견을 주고받고, 서로 이해하기 위한 시간을 미리 배정하는 것이 좋다는 사실을 알았다. 자칫하면 아시아로 출장을 떠나 새로운 고객관계를 구축하는 데 시간과 노력을 모두 집중시킬 뻔했다는 사실을 깨달았다. A씨는 이처럼 제대로 된 준비과정을 거치지 않았더라면 취임 후 첫 100일의 기간 동안 자신의 팀원들과 유대를 구축하는 데 소홀했을 것이라고 상담코치에게 털어놓았다.

A씨는 이번 준비과정의 일환으로 자신의 고위직 팀원들 중 몇 명과 만날 기회가 있었고, 그들이 업무를 처리하는 데 있어서 결정을 내리는 방식이 너무나 느리다는 데 대해 놀랐다. 모두들 A씨가 얼른 부임해 와서 책임을 지고 자신들에게 무엇을 해야 할지 지시해 주기를 기다리고 있었다. 이 팀은 리더가 사사건건 이래라저래라 지시하는 방식에 너무나 익숙해져 있는 듯 보였다. A씨는 상담코치에게 자신의 리더십 스타일은 전임자와 완전히 다를 것이라는 점을 설명했다. 그는 팀원들이 지시를 받을 때까지 기다리는 것을 원치 않았다.

A씨의 업무 스타일은 달성해야 할 목표의 기대치는 명확하게 정해주지만, 그 목표를 구체적으로 어떻게 달성할지는 각 팀원에게 스스로 알아서 하도록 맡기는 것이었다. 전임자의 리더십 스타일이 어떤지에 대해 파악하고, 그리고 사람들이 지시를 받고 행동하는 성향을 갖고 있다는 점을 알게 된 A씨는 취임 후 첫 100일의 기간 동안 '직접 보고 그룹'을 '재교육' 시키고 재량권을 주는 데 시간을 투자해야겠다고 생각했다. 그리고 이 같은 시도가 긍정적인 변화를 가져올 수 있고, 팀원들이 일을 훨씬 더 잘하게 만들 수 있지만 문제는 이 메시지를 제대로 전달하는 것이라는 사실을 코치와의 상담에서 깨닫게 되었다.

A씨가 이야기할 때 상담코치는 이렇게 깨달은 사실들이 앞으로

'취임 후 첫 100일'의 기간 동안 업무에 반드시 반영되어야 할 필요가 있기 때문에 반드시 메모를 하라고 했다. 그리고 '상세 프로필 구축 작업은 어땠는지' 물었다. 프로필 구축이 '당신의 귀중한 시간을 쓸 가치가 있는 작업이었나?'고 물은 것이다.

A는 덕분에 큰 그림을 더 잘 이해할 수 있게 되었다고 대답했다. 그는 먼저 자신이 리더로 승진한 것이 어떤 성격을 갖는지, 영업 분야의 기능적 전문가에서 사람들을 관리하는 종합적인 관리자로 어떻게 변신해야 하는지에 대해 깊이 생각했다. 그리고 그는 시장의 프로필을 구축하는 과정에서 최근 새로운 경쟁사들의 등장으로 시장에서의 경쟁이 더욱 더 치열해지고 있다는 것을 알았다. 또한 '목표를 염두에 두고 시작하는' 테크닉을 적용해 보고, 자신이 맡은 부서가 앞으로 제공하는 제품군에 대해 보다 전략적으로 접근해야 한다는 사실을 깨달았다.

그는 새 직책에서 향후 2년 동안에 성취하고자 하는 목표에 대해 보다 명확하게 생각함으로써 자신의 팀이 앞으로 시장 접근 방식에 있어서 완전히 새로운 관점을 취할 필요가 있다는 것을 깨달았다. A는 상담코치와 계속 상담하는 과정에서 자신의 팀을 세 개의 '전략적 단위'로 나누어서 각 단위가 중요한 전략적 도약을 위한 행동에 집중하도록 만들어야 되겠다는 새로운 아이디어가 떠올랐다.

그는 이제 앞으로의 과제에 대해 더욱 에너지가 충전되는 느낌을 갖게 되었다. 그는 이 모든 통찰력을 어떻게 잘 활용해서 최적의 '취임 후 첫 100일' 계획을 수립할 것인지 설명하는 코치의 말에 귀를 기울였다.

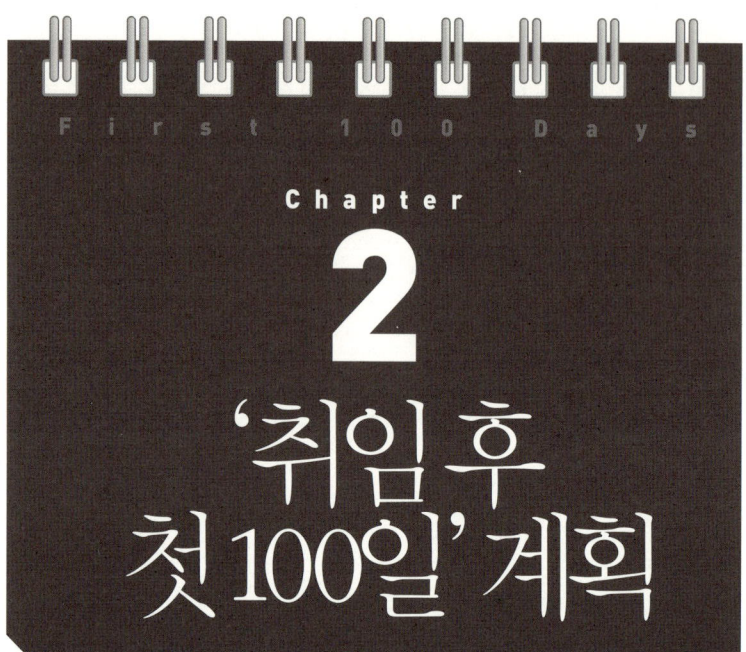

Chapter 2
'취임 후 첫 100일' 계획

'첫 100일 어시스트' 프레임워크

여러분은 이제 '취임 후 첫 100일' 계획서를 작성할 준비가 다 되었다. 계획서를 작성할 때는 다음 사항과 관련해 지금까지 수집한 모든 정보를 염두에 두어야 한다.

- 이행과정에서 만나는 어려움이 무엇인지
- 역할·조직·시장의 상세한 프로필
- 2년 임기를 상정한 비전, 그리고 첫 12개월의 전략적 우선순위

지금까지 수집한 모든 정보를 내용에 포함시켜서 '취임 후 첫 100일' 계획을 작성하는데, 여기에는 첫 100일이 완료되는 시점까지 성취하고자 하는 목표를 제시해야 한다. 그리고 월 단위 검토를 쉽게 할 수 있도록 하고, 계획이 순조롭게 진행되도록 하기 위해 30일 간격으로 진도를 체크하는 구조(30일, 60일, 90일)로 되어 있어야 한다.

내 경험에 비춰보면, '취임 후 첫 100일' 계획서를 작성하는 것이 아니라, 업무 목록을 작성하는 것으로 잘못 이해하는 사람들이 많다. 대부분 '취임 후 첫 100일'의 기간에 해야 할 일들의 목록이나 몇 가지 주제를 적어놓고는 이것이 계획서라고 착각한다.

그리고 많은 사람들이 전체적인 큰 그림을 보지 않고, 자신의 역할을 자기가 일하는 주변으로 한정시켜서 생각하는 경향을 갖고 있다. 자신이 더 큰 조직에 소속된 팀원이고, 회사 전체의 리더십 측면에서 가치를 창출해야 한다는 사실을 생각하기보다 자신의 역할을 기능적 측면에 국한시키는 경향이 있다는 말이다. 새로 맡은 역할과 새로운 업무 영역이 주는 부담에 압도된 나머지 하나의 구체적인 목표에 집중하는 식으로 자신의 계획을 지나치게 단순화시키는 사람들이 많다. 예를 들어 신임 마케팅 디렉터의 경우 마케팅 목표의 달성에만 집중하는 것이다. 그런 다음 '팀 구축' 같은 다음 과제로 넘어간다. 하나의 과제에만 집중하는 이런 단선적 접근방식을 취하면 스타트 단계에서의 속도가 매우 더디게 된다.

만일 여러분이 진정으로 자신의 업무수행 속도를 가속화하고, 조기에 큰 성과를 내고 싶다면, 최적의 '취임 후 첫 100일' 계획 수립을 위한

> 몇 가지 핵심 주제나 해야 할 일의 목록이 '취임 후 첫 100일' 계획서는 아니다

'퍼스트 100' 접근방식을 채택할 필요가 있다. 지금부터 이를 위한 구체적인 방법을 하나하나 설명해 나갈 테니 이 책을 계속 읽기 바란다.

'퍼스트 100 어시스트' 프레임워크

우리는 2004년부터 지금까지 수백 개의 '취임 후 첫 100일' 계획안을 개발했으며, 고객의 니드에 맞춰서 우리의 접근법을 지속적으로 개선해 왔다. 그 결과, 우리는 가장 모범적인 '취임 후 첫 100일' 계획의 구성요소가 무엇인지에 대해 상당한 경험과 전문지식을 축적하게 되었다. 그리고 이를 바탕으로 '취임 후 첫 100일'을 위한 '퍼스트 100어시스트' 프레임워크를 개발했는데, 이 프레임워크는 전체 시스템의 관점에서 리더십의 역할이 무엇인지에 대해 상세히 분석한 뒤, 그 가운데서 10개의 핵심 성분 역할을 추려내 리더십 역할을 재구성할 수 있도록 해준다.

우리는 여러분이 '취임 후 첫 100일'의 기간에 다음과 같은 핵심 역할을 하는 사람이 되어야 한다고 생각한다.

- 개인적으로는: 성공적으로 업무 이행을 하는 사람, 조직에 있어서 눈에 띄게 많은 기여를 하는 사람
- 역할에 있어서는: 우수한 콘텐츠 학습자, 비즈니스 업무 성취자, 팀을 효과적으로 구축하는 사람, 커뮤니케이션을 원활하게 하는 사람
- 조직상으로는: 인간관계를 원활하게 구축하는 사람, 부가가치를 창출하는 사람, 조직의 문화에 잘 적응하는 사람
- 시장에 대해서는: 훌륭한 마켓 플레이어

이 10개의 핵심 성분 역할은 〈그림 2.1〉의 '퍼스트 100 어시스트' 프레임워크에 나타나 있다.

▶ 그림 2.1 '퍼스트 100 어시스트' 프레임워크: 전체 시스템 접근법

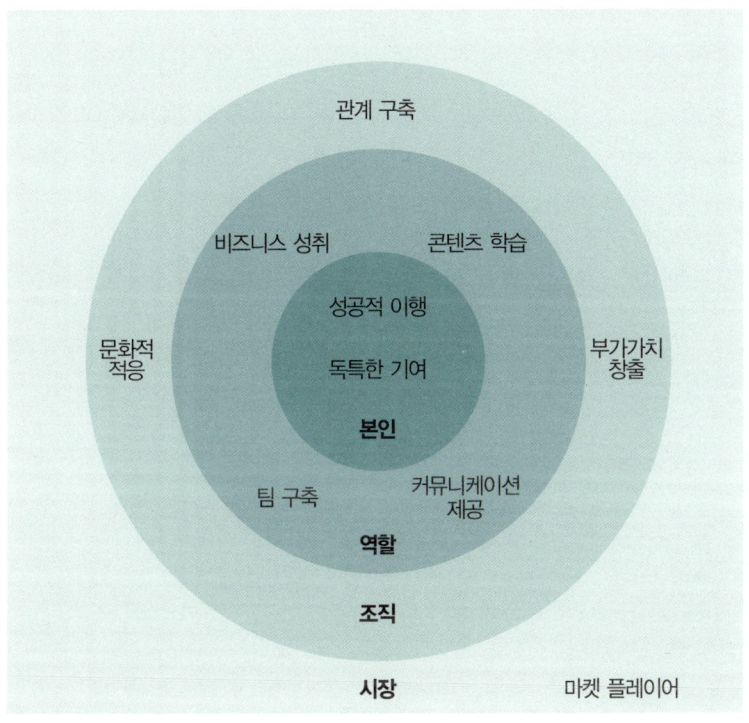

 **1단계 | 목표를 염두에 둔 스타트**

'취임 후 첫 100일'이 끝나는 시점까지 어떤 목표를 이루고 싶은가?
 전체 시스템을 염두에 두고 10개의 각 성분 역할마다 '취임 후 첫 100일'이 끝나는 시점까지 어떤 목표를 성취하고 싶은지 결정한다. 그리고 여러분이 원하는 10개의 업무 성과를 '퍼스트100어시스트' 양식에 기입한다.

은행에서 프리미엄 서비스 영업담당 글로벌 책임자로 새로 임명된 A씨의 예

리더인 자신에 관한 부분

1. 성공적인 업무이행 – 리더십 기술 발전 관련

원하는 성과 | '취임 후 첫 100일'이 끝나는 시점까지 업무이행과 관련해 다음과 같은 목표들을 성취하고 싶다.

....
....
....

예) 유럽지역 500명을 관리하는 입장에서 유럽과 아시아 지역 3천 명의 팀원을 관리하는 리더로 성공적인 리더십 전환을 이루어낸다.

2. 독특한 기여 – 자신만의 독특한 속성이나 장점을 활용하는 문제

원하는 성과 | '취임 후 첫 100일'이 끝나는 시점까지 나만이 기여할 수 있는 독특한 특성과 관련해 다음과 같은 일을 성취하고 싶다.

....
....
....

예) 나의 뛰어난 소통능력을 활용해서 3천 명 모두에게 가까이 다가서고 의욕을 불어넣는다. '프리미엄 서비스' 부문에 다시 활력을 불어넣고, 사람들이 회사의 비전과 이 비전이 성취되는 과정에 기여하는 자신의 역할과 관련해 더 큰 주인의식을 갖게 되도록 돕는다.

역할 관련

3. 콘텐츠 학습 – 새 역할을 위해 어떤 것을 배워야 하는가?

원하는 성과 | '취임 후 첫 100일'이 끝나는 시점까지 콘텐츠 학습과 관련해 다음과 같은 것들을 성취하고 싶다.

....
....
....

예 고객의 니드와 기존 '프리미엄 서비스' 상품들이 제공하는 내용, 그리고 전략적 혁신을 위한 기회에 대해 전문적 지식을 얻는다.

4. 비즈니스 성취 – 이번 직책에서 달성해야 할 핵심 목표는 무엇인가?

원하는 성과 | '취임 후 첫 100일'이 끝나는 시점까지 비즈니스 업무성취와 관련해 다음과 같은 것들을 달성하고 싶다.

....
....
....

예 '프리미엄 서비스' 전략과 관련해 강한 인상을 줄 수 있는 성과를 조기에 올린다.

- '프리미엄 서비스'의 절차와 팀을 개선한다.
- 아시아의 핵심 고객들에 관한 참신한 통찰: 새로운 고객 세분화 분석 완료
(주: 이것은 아마도 당신이 할 역할 기여와 관련해 가장 분명히 해야 할 과제이고 가시적인 성과가 나는 일일 것이기 때문에 일목요연한 리스트를 작성하는 게 좋다.)

5. 팀 구축 – 업무수행이 뛰어난 팀을 구축하기 위해 해야 할 일

원하는 성과 | '취임 후 첫 100일'이 끝나는 시점까지 팀 구축과 관련해 다음과 같은 것들을 성취하고 싶다.

....

....

....

예 팀을 재편성하고 마케팅 디렉터를 교체한다. 참신한 인재를 채용하고 2개년 비전에 맞춰 팀원들의 역할과 책임을 새로 정한다.

6. 커뮤니케이션 구축 – 나에게 효과적인 사내 커뮤니케이션 방식은?

원하는 성과 | '취임 후 첫 100일'이 끝나는 시점까지 커뮤니케이션 구축과 관련해 다음과 같은 것들을 성취하고 싶다.

....

....

....

예 새 인트라넷 사이트와 트위터, 블로그, 일대일 면담, 팀 회의, 대규모 회합 등 다양한 커뮤니케이션 방식을 혼합해 사용함으로써 나의 2개년 비전과 첫 12개월의 우선과제, '취임 후 첫 100일' 계획, 그리고 이 목표들을 달성하는 데 필요한 지원군을 확보한다.

조직 관련

7. 부가가치 창출 – 새로 맡은 직책에 관한 나의 비전은 무엇이며, 이 비전이 회사를 위한 부가가치를 어떻게 창출할 수 있나?

원하는 성과 | '취임 후 첫 100일'이 끝나는 시점까지 부가가치 창출과 관련해 다음과 같은 것들을 성취하고 싶다.

_____

_____

예 '프리미엄 서비스' 부문에 대한 새로운 2개년 비전을 마련하며, 향후 12개월의 우선순위를 명확하게 정한다.

8. 관계 구축 – 새 직책에 있어서 진짜 중요한 사람은 누구인가? 이 직책의 이해관계자들은 누구인가?

원하는 성과 | '취임 후 첫 100일'이 끝나는 시점까지 관계 구축과 관련해 다음과 같은 것들을 성취하고 싶다.

_____

_____

예 유럽과 아시아 지역에서 가장 중요한 이해관계자 10명과 만나서 신뢰받는 조언자 관계를 조기에 구축한다.

9. 문화적 적응 – 새로운 조직문화에 성공적으로 적응하기 위해서 해야 할 일

원하는 성과 | '취임 후 첫 100일'이 끝나는 시점까지 문화적 적응과 관련해 다음과 같은 것들을 성취하고 싶다.

....
....
....

예 새로운 환경에 대한 이해, 즉 조직 내 세력과 사내 정치가 어떻게 움직이는지, 의사결정이 어떻게 이루어지는지 등에 관한 이해를 높인다.

10. 마켓 플레이어 – 시장에서의 빠른 성공과 인상적인 업무성과 내기

원하는 성과 | '취임 후 첫 100일'이 끝나는 시점까지 시장과 관련해 다음과 같은 것들을 성취하고 싶다.

....
....
....

예 시장에 관해 새로운 통찰력을 보이고 '프리미엄 서비스' 부문의 시장을 빨리 선점한다.

여러분이 원하는 열 가지의 성과를 한 페이지에 일목요연한 리스트로 정리해서 '취임 후 첫 100일' 동안 가장 중요한 10개의 우선순위가 무엇인지 알 수 있게 하라.

그리고 이 톱 10 리스트에 혹시 부주의로 빠뜨린 것이 없는지 확인해야 한다. 앞서 나온 업무 이행 과정의 난제들, 그리고 이 직책에서 2년 안에 이루고 싶은 것들을 한번 더 되돌아보도록 한다. 핵심 포인트들이 모두 이 톱 10 리스트의 '원하는 성과' 중 하나에 제대로 반영되어 있는지 확인한다.

은행에서 프리미엄 서비스 영업담당 글로벌 책임자로 새로 임명된 A씨의 예	
취임 후 첫 100일 계획: 첫 100일이 끝나는 시점까지 이루고 싶은 성과 톱 10	
성공적인 이행	유럽지역 500명의 관리자에서 유럽과 아시아 지역 3천 명의 팀원을 관리하는 리더로 성공적인 리더십 전환을 이루어낸다.
독특한 기여	나의 뛰어난 소통능력을 활용해서 3천 명 모두에게 가까이 다가서고 의욕을 불어넣는다. 프리미엄 서비스 부문에 다시 활력을 불어넣고, 사람들이 회사의 비전과 이 비전이 성취되는 데 기여하는 자신의 역할과 관련해 더 큰 주인의식을 갖게 되도록 돕는다.
콘텐츠 학습	고객의 니드와 기존 프리미엄 서비스 상품들이 제공하는 내용, 그리고 전략적 혁신을 위한 기회에 대해 전문적 지식을 얻는다.
비즈니스 성취	– 프리미엄 서비스 전략과 관련해 강한 임팩트가 있는 성과를 조기에 올린다. – 프리미엄 서비스의 절차와 팀을 개선한다. – 아시아의 핵심 고객들에 관한 참신한 통찰: 새로운 고객 세분화 분석 완료
팀 구축	팀을 재편성하고 마케팅 디렉터를 교체한다. 참신한 인재를 채용하고 2개년 비전에 맞춰 팀원들의 역할과 책임을 새로 정한다.
커뮤니케이션 구축	새 인트라넷 사이트와 트위터, 블로그, 일대일 면담, 팀 회의, 대규모 회합 등 다양한 커뮤니케이션 방식을 혼합해 사용함으로써 나의 2개년 비전과 첫 12개월의 우선과제, 취임 후 첫 100일 계획, 그리고 이들을 수행하는 데 필요한 지원군을 확보한다.
부가가치 창출	프리미엄 서비스 부문에 대한 새로운 2개년 비전을 마련하며, 향후 12개월의 우선순위를 명확하게 정한다.
관계 구축	유럽과 아시아 지역에서 가장 중요한 이해관계자 10명과 만나서 신뢰받는 조언자 관계를 조기에 구축한다.
문화적 적응	새로운 환경에 대한 이해, 즉 조직 내 세력과 정치가 어떻게 움직이는지, 의사결정이 어떻게 이뤄지는지 등에 관한 이해를 높인다.
마켓 플레이어	시장에 관해 새로운 통찰력을 보이고 프리미엄 서비스 부문의 시장을 빨리 선점한다.

2단계 | 원하는 성과를 30일, 60일, 90일의 시점에 맞춰 세분화 한다

여러분이 가장 원하는 성과 톱 10 리스트를 작성했으면, 그 다음 단계는 '원하는 성과'와 관련해 제일 먼저 취해야 할 행동들을 정리하고 한 달 간격으로, 즉 30일, 60일, 90일의 시점에 맞춰 세분화하는 것이다. 다음의 슬라이드 예에서 볼 수 있듯이, 각 슬라이드의 맨 위에 '원하는 성과'를 쓰고 그 밑으로 '최우선 조치'와 30일이 지난 시점, 60일이 지난 시점, 90일이 지난 시점까지 성취하고 싶은 것들을 쓰면 된다.

견본 슬라이드			
취임 후 첫 100일 계획			
원하는 성과			
최우선 조치	30일 종료 시점	60일 종료 시점	90일 종료 시점

그러므로 각 '원하는 성과' 마다 제일 먼저 취해야 할 조치들을 정리하고, 30일 종료 시점과 60일 종료 시점, 그리고 90일 종료 시점까지 이루어야 할 성과들을 정리한다. 그러면 각각의 '원하는 성과' 마다 하나씩, 총 10개의 슬라이드가 만들어진다.

최우선 조치
이것은 여러분이 제일 먼저 해야 할 필요가 있는 행동 조치 리스트이다.
- 각각의 '원하는 성과'를 위해서 당신이 즉각적으로 취해야 할 첫 번째 조치는 어떤 것들인가?

30일 단위의 중간성과
- 이것은 여러분이 해야 할 매일 매일의 활동이나 행동을 모두 적는 리스트가 아니다. 이것은 여러분이 30일 단위로 성취하고자 하는 중간성과를 적는 리스트로서, 첫 100일이 끝나는 시점까지 여러분이 원하는 성과를 계획대로 성취하기 위한 중간 점검을 할 수 있게 해 줄 것이다.

30일 종료 시점
- 100일이 끝나는 시점까지 계획대로 '원하는 성과'를 성취할 수 있으려면 30일이 지난 시점까지 어떤 것을 성취해 놓아야 할까? ('30일 종료 시점' 제하의 공란에 기입하라)

60일 종료 시점
- 100일이 끝나는 시점까지 계획대로 '원하는 성과'를 성취할 수 있으려

면 60일이 지난 시점까지 어떤 것을 성취해 놓아야할까? ('60일 종료 시점' 제하의 공란에 기입하라)

90일 종료 시점

- 100일이 끝나는 시점까지 계획대로 '원하는 성과'를 성취할 수 있으려면 90일이 지난 시점까지 어떤 것을 성취해 놓아야할까? ('90일 종료 시점' 제하의 공란에 기입하라)

은행에서 프리미엄 서비스 영업담당 글로벌 책임자로 새로 임명된 A씨의 예

취임 후 첫 100일 계획 부가가치 창출 관련 원하는 성과: 프리미엄 서비스 부문에 대한 새로운 2개년 비전을 마련하며, 향후 12개월의 우선순위를 명확하게 정한다.

최우선 조치	30일 종료 시점	60일 종료 시점	90일 종료 시점
- 회사의 비전과 미션에 대해 조사 - CEO의 우선순위가 무엇인지 파악 - 회사의 비전과 미션, 그리고 CEO의 우선 순위에 비추어 회사 실적을 평가	- 기존 비전과 전략의 완전한 숙지 - 미래의 요구사항과 향후 12개월의 우선순위에 관한 새로운 가설 구상 - 향후 2개년 비전의 초안 1 작성 완료	- 새로운 2개년 비전과 향후 12개월의 우선순위에 관해 핵심 이해관계자들과 상의 - 개선된 초안 2의 승인 - 팀원의 역할과 책임 할당	- 새로운 비전과 이것을 떠받치는 핵심 이니셔티브들을 공식적으로 알리는 행사 개최

3 2단계 | 최종 점검을 거쳐 '취임 후 첫 100일' 계획을 완성시킨다

여러분은 지금까지 자신의 '취임 후 첫 100일 계획'을 담은 11 페이지의 슬라이드를 다음과 같이 만들었다.

- 페이지 1: 첫 100일 동안 성취하고 싶은 10개의 '원하는 성과' 리스트
- 페이지 2~11: '원하는 성과' 마다 최우선 조치와 30일 · 60일 · 90일 시점의 중간성과 목표들을 1 페이지 분량의 양식에 기입한다(그림 2.2 참조).

이런 것들을 만드는 목적은 30일 · 60일 · 90일 시점에 그동안 성취한 것들을 점검하도록 만들어서 '취임 후 첫 100일'의 기간 내내 10개의 '원하는 성과'를 달성하기 위한 노력이 계획대로 잘 진행되도록 하는 것이다. 다시 말해 이것은 10개의 핵심적인 활동을 병행해 이 모든 활동들을 진전시키기 위한 것이며, 당신은 이를 통해 새 직책에서 빠른 속도로 전진할 수 있을 것이다.

▶ 그림 2.2 '취임 후 첫 100일' 계획서 양식

취임 후 첫 100일 계획	10개의 원하는 성과 리스트	성공적 이행 관련 원하는 성과 최우선 조치 | 30일 시점 60일 시점 | 90일 시점
독특한 기여 관련 원하는 성과 최우선 조치 | 30일 시점 60일 시점 | 90일 시점	콘텐츠 학습 관련 원하는 성과 최우선 조치 | 30일 시점 60일 시점 | 90일 시점	비즈니스 성취 관련 원하는 성과 최우선 조치 | 30일 시점 60일 시점 | 90일 시점
팀 구축 관련 원하는 성과 최우선 조치 | 30일 시점 60일 시점 | 90일 시점	커뮤니케이션 제공 관련 원하는 성과 최우선 조치 | 30일 시점 60일 시점 | 90일 시점	관계 구축 관련 원하는 성과 최우선 조치 | 30일 시점 60일 시점 | 90일 시점
부가가치 창출 관련 원하는 성과 최우선 조치 | 30일 시점 60일 시점 | 90일 시점	문화적 적응 관련 원하는 성과 최우선 조치 | 30일 시점 60일 시점 | 90일 시점	마켓 플레이어 관련 원하는 성과 최우선 조치 | 30일 시점 60일 시점 | 90일 시점

Chapter 3
스타트

1 '취임 후 첫 100일' 계획을 가동시킨다
2 단순 관리자가 아니라 리더로 등장한다
3 실질적 내용 뿐 아니라 시선을 사로잡는 매력도 필요하다
4 EQ도 IQ 못지않게 중요하다
5 향후 30일의 결정적인 성공요인 : D1~D30

 # '취임 후 첫 100일' 계획을 가동시킨다

새로운 자리에 오자마자 자신의 '취임 후 첫 100일' 계획을 거창하게 발표할 수도 있겠지만, 나는 그렇게 하지 말라고 조언하고 싶다. 대신 처음 5~10일 동안은 새로 맡은 직책이 실제로 어떤지 경험해 보고 '첫 100일' 계획에 마지막으로 수정해야 할 부분은 없는지 확인하면서 새 자리에 안착하는 것이 가장 좋은 방법이다.

예를 들어 취임 전에 이해관계자들을 모두 만나보지 못했을 수 있는데, 이 경우 당신의 '취임 후 첫 100일' 계획은 이해관계자들이 기대하는 것을 모두 포함시키지 못했을 수 있다.

따라서 나는 우선 다음과 같은 행동을 취하라고 권한다.

- 여러분의 상사와 이해관계자들을 만나 업무 우선순위와 그들이 당신에게서 기대하는 것들을 체크하고 재확인하라.
- 여러분에게 직접 보고하는 팀원들을 만나고, 그들과 관련된 현안들을 해결하기 시작하라.
- 회사 건물과 조직 안으로 실제로 들어가서 새로운 장소에 대한 감을 익히도록 하라.
- '취임 후 첫 100일' 계획서를 최종적으로 마무리하라.

누구에게 알린다?

여러분의 '취임 후 첫 100일' 계획을 새 직책과 관련된 이해관계자 모두에게 알릴지 여부는 여러분이 결정할 문제다. 나는 여러분이 이 계획의 내용을 여러분의 상사에게는 모두 알려야 한다고 권하지만, 그 다음에는 여러분이 처한 상황에 따라서 이 계획의 어느 부분까지 공개할지, 그리고 누구와 공유할지 전략적으로 결정할 수 있다고 본다.

어떻게 알린다?

여러분의 '취임 후 첫 100일' 계획을 공개하는 방식도 중요하다. 이 계획을 종이에 적는 방식은 여러분 자신에게 유용한 방식이었지만, 이것을 다른 사람들에게 알리는 방식은 다양한 커뮤니케이션 방식, 예를 들면 직접 만나서 알리는 방식과 순회 홍보 행사, 수많은 청중이 모이는 대규모 행사, 포드캐스트, 블로그, 이메일, 정책방침서, 그 외 당신이 처한 상황에서 효과적이라고 판단되는 수단 등, 여러분이 활용할 수 있는 모든 방식을 동원하는 것이 좋을 것이다.

2 단순 관리자가 아니라 리더로 등장한다

여러분은 지금까지 '취임 후 첫 100일' 계획 수립을 완료했고, 이 계획을 취임 첫 날 상사와 함께 상의할 수 있게 멋진 문서로 준비했으니 새 자리에 대한 준비를 매우 잘했다는 생각이 들 것이다. 지금까지는 모든 것이 순조롭다!

그렇지만 여러분의 도전은 취임 첫 날이 되어서야 비로소 시작될 것이다! 여러분은 이제 자신의 '취임 후 첫 100일' 계획에 생명을 불어넣어서 이것을 성공적으로 실행해야 한다. 그러므로 우리는 지금부터 '계획'이 아니라 여러분이 리더로서 앞으로 어떻게 성공적으로 길을 열어 나갈지에 대해 집중하기로 한다.

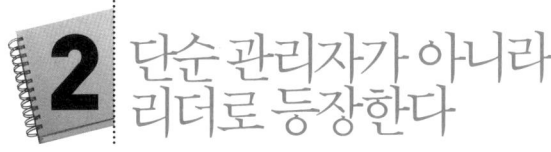
대부분 전문적인 관리자일 뿐 '리더'가 아니다

우리는 지금까지 이 책에서 '리더'라는 말을 이미 여러 차례 언급했다. 이제 너무 남용되어 잘못 해석되는 경우가 많은 이 '리더'라는 말이 명확하게 무슨 뜻인지 밝힐 때다. 내 경험에 비춰보면, 글로벌 대기업의 중역들은 대부분 전문적인 관리자이지 리더가 아니다. 여러분 스스로 자신이 리더라고 생각하고 회사에서 지난 수년간 리더라는 말을 들었을지 모르지만, 나는 진정한 리더를 만나본 적이 별로 없다. 어떤 사람이 고위직에 있다는 이유만으로 리더가 되는 것은 아니다.

내가 여기서 말하고자 하는 뜻은 대부분의 중역들이 자신의 직책에 따른 힘과 권위에 기대어 일을 처리하고 있다는 것으로, 이들은 대개 다른 사람에게서 건네받은 과제를 해내기 위해 자원을 조직화하고 결집시키는 일을 하는 사람의 역할을 맡는다. 이런 사람은 관리자이고 추종자이지 리더가 아니다.

리더십에 관해 쓴 책은 너무나 많고, 리더십이라는 용어의 뜻은 어떤 사람을 A 지점에서 B 지점으로 이끄는 일이 불가능한 임무처럼 느껴질 정도로 지나치게 복잡해지고 있다. 그렇지만 나는 간단하게 정의하는 것을 좋아한다.

리더는 다음과 같은 일을 해내는 사람이다.

- 명확한 방향을 정한다
- 사람들을 함께 데리고 간다
- 성과를 이루어낸다

여기서 리더를 간단하게 정의하기 위해서 세 가지의 핵심 과제로 분류했지만, 이 과제들이 독립된 별도의 과제가 아니라는 점을 알기 바란다. 이 세 가지 과제는 서로 얽혀 있으며, 다른 것과 분리되어서 별도로 존재할 수 없다. 그래서 나는 이처럼 서로 겹치는 활동과 '퍼스트 100 어시스트' 리더십 프레임워크 내에서의 연관성을 잘 나타내주는 유용한 수단으로 벤 다이어그램을 이용한다.(그림 3.1 참조)

명확한 방향을 정한다

미래에 대해 정확한 답을 아는 사람은 아무도 없다. 그렇지만 리더는 일찌감치 땅에 말뚝을 박고 "나도 모든 답을 갖고 있지는 않지만, 다함께 그곳으로 가자"라고 말할 수 있는 용기가 있어야 한다. 여기서 '그

▶ 그림 3.1 '퍼스트 100 어시스트' 리더십 프레임워크

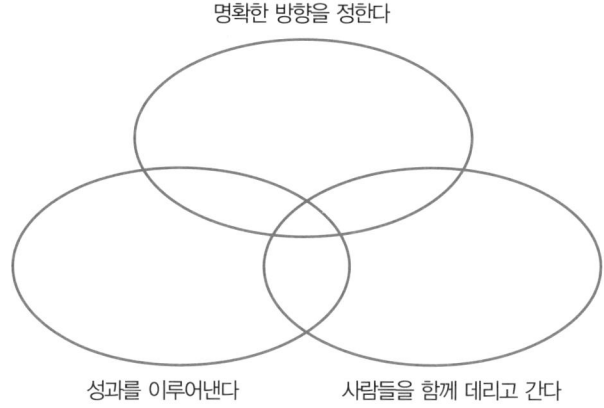

'곳'은 새로운 시장이나 새로운 제품·서비스, 완전한 새 출발, 혹은 앞서 언급한 모든 것을 의미할 수 있다. 중요한 것은 '그곳'이 무엇이냐가 아니라 리더가 '그곳'을 겨냥하는 용기를 가져야 한다는 것이다. 만일 '그곳'이 매우 복잡한 'B 지점'이라면, 여러분은 그곳으로 가는 일이 매우 복잡하고 이에 대한 저항이 있을 것이라는 점을 본능적으로 알 수 있을 것이다. 따라서 여러분은 취임 후 첫 100일 안에 앞으로 나아갈 방향에 대해 매우 명확하게 밝혀야 한다. 최종 지점과 그 지점에 도달하기 위한 계획이 명확하면 명확할수록 그곳으로 가기 위한 모든 사람의 여정이 더 수월해질 것이다.

사람들을 함께 데리고 간다

물론 리더 혼자서만 '그곳으로' 간다면 별로 진전되는 일이 없을 것이다. 리더는 '그곳'에 관한 자신의 비전을 사람들에게 알려야 하고, 그들

이 자신과 함께 가도록 동기부여를 해 주어야 한다.

'취임 후 첫 100일'의 기간에 여러분이 가고자 하는 방향과 그 이유에 대해 다른 사람들과 계속 소통해야 한다는 점을 결코 과소평가해서는 안 된다. 여러분 자신이 모든 해답을 모를 경우에도 사람들과의 소통은 계속해야 한다. 물론 혼자서 산을 움직이라는 말은 아니고, 여러분이 가고자 하는 방향에 대해 사람들이 이해하고 여러분을 믿기 시작하면 자발적으로 따라오게 될 것이다.

성과를 이루어낸다

'그곳'에 도달하는 일과 '그곳'에 가려는 시도는 성과가 나와야만 좋은 아이디어, 좋은 계획이라고 평가받을 것이다. 성과가 나오지 않을 경우, 우리 모두는 리더가 방향설정에 있어서 큰 잘못을 저질렀고, 우리가 그를 따른 것은 어리석은 짓이었다고 말할 것이다. 올바른 성과를 이루어내는 일은 명확한 방향을 정하고 사람들을 함께 데리고 가는 리더의 능력을 드러낸다.

그렇다! 취임 후 첫 100일 동안, 그리고 그 이후에도 다음과 같은 세 가지 리더십 과제를 명심하기 바란다.

- 100일이 끝나는 시점까지 가고 싶은 곳의 방향을 명확하게 정한다.
- 사람들을 함께 데리고 간다. (상사, 팀원, 이해관계자, 고객)
- 100일이 끝나는 시점까지 올바른 성과를 이뤄낸다.

실질적 내용뿐 아니라 시선을 사로잡는 매력도 필요하다

여러분은 계획(실질적 내용)뿐 아니라 사람들의 눈길을 끄는 매력 sizzle도 갖추어야 할 것이다.

2009년 당시 고든 브라운은 영국의 총리였고 데이비드 캐머런은 야당 지도자였다. 버락 오바마 미국 대통령이 영국을 방문했을 때 기자들은 그에게 두 사람에 대해 어떻게 생각하는지 물었다. 오바마 대통령은 '알맹이를 갖고 있는 사람은 고든 브라운이지만, 눈길을 끄는 사람은 데이비드 캐머런' Gordon Brown has substance, but David Cameron has sizzle이라고 대답했다. 브라운과 캐머런을 모두 알고 있는 사람은 오바마 대통령의 이 말이 무슨 뜻인지, 그리고 얼마나 정확한 표현인지 잘 알 것이다. 고든 브라운은 경제정책의 세세한 부분까지 훨씬 더 많이 알고 있었지만 커뮤니케이션 스타일이 재미없고 고루했으며, 일반 대중과 잘 소통하지 못했다. 이에 비해 데이비드 캐머런은 '집권을 노리는 젊은 지도자'로서 경험은 적지만 커뮤니케이션 스타일이 훨씬 더 열정적이었고 지금의 사회가 처한 문제들에 대해 더 잘 인식하고 있는 것처럼 보였다. 따라서 그는 대중에게 훨씬 더 큰 호소력을 지니고 있었다.

> 자신을 따르는 사람들에게 뭔가 알 수 없는 다이내믹한 매력을 제공해야 한다

그러므로 여러분이 취임 후 첫 100일의 기간에 가능한 최선의 성과를 내고 싶다면, 눈길을 끄는 매력과 실질적 내용 모두 갖고 있어야 한다.

나는 모든 리더가 매력적이고 카리스마 넘

치며 외향적인 리더의 전형에 들어맞아야 한다고 생각하진 않는다. 그렇지만 여러분은 자신을 따르는 사람들이 여러분의 행동에 주목하고 여러분을 존경할 수 있도록 만드는, 뭔가 알 수 없는 다이내믹한 매력을 제공할 수 있어야 한다.

여러분의 '취임 후 첫 100일' 계획이 아무리 뛰어난 알맹이를 갖고 있어도 여러분이 사람들의 눈길을 끌지 못하고, 사람들이 여러분을 따르게 만드는 열정을 고취시키지 못한다면 그 알맹이는 희석되고 말 것이다.

그렇다면 여기서 '사람들의 눈길을 끄는 매력'은 어떤 것이며, 그것은 어떻게 얻을 수 있을까?

먼저 정력적이고 활기찬 모습을 보여야 한다! 이것은 여러분이 방에 들어오면 모든 사람이 여러분이 도착했다는 사실을 알아차리게 만드는 능력이다. 여러분은 당당하게, 그리고 자신 있게 걸어야 하며, 여러분이 당당한 걸음으로 신선한 활기를 가지고 들어오기 때문에 방에 있는 모든 사람의 시선이 여러분에게로 집중하게 되는 능력을 지녀야 한다. 여러분은 사람들에게 말해줄 뭔가를 갖고 있어야 하고, 뭔가 새롭고 다른 것을 제공할 수 있어야 한다. 여러분이 하는 일에 열정을 갖고 있어야 하고, 이 열정을 말하는 방식이나 목소리 톤, 새로운 아이디어 등을 통해 다른 사람들에게 전염시킬 수 있어야 한다.

여러분은 다른 사람들에게 흥미로운 사람이 되어야 하고, 자신도 다른 사람들에게 관심을 가져야 한다. 사람들이 대체로 여러분이 말하는 것을 듣기 원하는가, 아니면 여러분이 여러 가지 현안과 문제들에 대해 지나치게 긴 얘기를 혼자서 늘어놓을 때 사람들의 시선이 멍해지는 것이 보이는가? 다른 사람들과 유대관계를 형성하고 그들을 사로잡는 가장 좋은 방법은 그들에게 질문을 던지고 어떤 대답을 하는지 경청하는 것이며, 다음에 그들을 만났을 때 이전에 했던 대화를 기억해서 다시 이어나가는 것이다.

다른 사람들에게 개인적으로 올바른 임팩트를 줄 수 있는 최선의 방법이 무엇인지 궁금하다면, 매일매일 일상적으로 이루어지는 프레젠테이션과 소규모 회의, 비공식적 만남 등에 유의하라. 왜냐하면 그런 상호작용이 사람들의 인식에 매우 강력한 영향을 미치기 때문이다.

그리고 속내를 드러내는 것도 팀원들과 즉각적이고 심층적인 유대관계를 형성하는 데 매우 강력한 전술이 될 수 있다. 예를 들어, 그렇게 하면 약하게 비춰질지 모른다고 생각할지라도 만일 여러분이 새로운 직책의 중압감을 느끼고 있다고 공개적으로 인정할 경우, 사람들이 여러분에게 공감하고 여러분이 성공하도록 지원할 가능성이 커질 수 있다. 반대로 여러분이 지나치게 사람들과 거리를 두고 오만한 사람으로 비춰지게 되면, 사람들이 여러분을 지원할 가능성도 그만큼 더 낮아지게 된다. 취임 후 첫 100일의 기간에 팀원들의 지원을 얻어내는 것은 당신의 성공에 필수적인 요인이다. 그러므로 처음부터 팀원들에게 좋은 인상을 주도록 노력해야 한다.

나는 다른 사람들의 눈길을 끄는 매력(씨즐)이 넘치는 의뢰인들과 일해 본 경험이 있는데, 이들의 경우에는 이 '씨즐'을 어떻게 만들 것인지에 대한 문제를 논의할 필요가 없었다. 이런 의뢰인은 대부분 새로운 직책을 본인이 적극적으로 추구했고, 자신만이 남들과 차별되는 최대의 성과를 낼 수 있다고 믿는 사람들이다. 이런 종류의 자신감 넘치는 의뢰인은 꼭 성공하겠다는 의지가 강하고, 새로 맡은 역할에서 상당한 성과를 거두는 사람이 되고자 하는 열망이 강하다.

> **자신의 역할 미션을 찾아라!**

그렇지만 이들과 달리 매우 수동적인 의뢰인들도 있었다. 이들은 회사의 조직개편 등으로 인해 자신이 별로 열정을 느끼지 못하는 새로운 직책으로 승진한 사람들이었다. 물론 이들도 직책에 맞는 능력을 갖추고 있고, 새로 맡은 직책에서 성공하길 바라지만, 새 역할이 요구하는 미션에 대한 연대감도 없고 뜨거운 열정도 없다. 그런데 이런 경우에 발생할 문제는 생각보다 훨씬 더 심각하다. 왜냐하면 여러분이 자신의 역할 미션에 대해 완전한 연대감을 느끼지 못한다면, 여러분은 최적의 동기부여가 안 된 상태이고, 이것은 여러분 주변의 모든 사람에게 영향을 미칠 것이기 때문이다. 여러분이 새로 맡은 직책에서 다른 사람들을 리드하는 데 필요한 열정과 에너지를 갖고 있지 않은데 팀원들이 여러분이 필요로 할 때 여러분을 도와 더 노력하고 싶은 마음이 들겠는가? 세상에 반쪽짜리 리더가 될 수 있는 길은 없다. 리더가 되는 데 올인 하거나, 아니면 아예 포기하는 길이 있을 뿐이다.

그래서 나는 새 직책에서 요구되는 미션이나 리더십에 완전히 몰입하지 못한 의뢰인을 만나면 새 직책에서 의미를 찾고 열정을 갖도록 이끌어 주는데, 생각만큼 그렇게 어려운 일이 아닌 경우가 많았다. 이 일은 보통 의뢰인이 좀 더 젊었던 시절에 관한 이야기로 시작되는데, 현재 하고 있는 직업을 선택했던 이유와 당시에 가졌던 목표 등에 관해 이야기를 시작하도록 한다. 나이가 좀 든 사람들의 경우에는 젊은 시절의 이상주의와 커리어를 시작할 초기에 세웠던 목표들을 많이 잊어버린 경우가 많지만, 이런 과거의 기억들을 되살려서 새 직책에 이전처럼 역동적인 의미부여를 하도록 이끄는 데 별로 오랜 시간이 걸리지는 않는다.

　이처럼 책임자가 자신이 하는 일에 의미를 찾는 것은 매우 중요하다. 그것이 사람들의 삶을 개선시키는 것이든, 환경을 변화시키는 것이나 사회를 개선시키는 것이든, 아니면 고객서비스의 질을 개선시키는 것이든 마찬가지다. CEO가 아닌 사람이 아침에 눈을 뜨는 이유가 회사의 주식 가치를 증대시키기 위해서라고 말하지 않는 것은 이상할 게 하나도 없다. 하지만 CEO는 그렇게 말해야 한다.

　여기서 이런 질문을 여러분 스스로에게 던져 본다

- 왜 이 일을 하고 있는가?
- 이 일을 자신에게 보다 의미 있는 것으로 만들려면 어떻게 해야 할까?
- 이 일에 대한 나의 열정을 다른 사람들의 열의를 고취시키는 '씨즐'로 전환시키려면 어떻게 해야 할까?

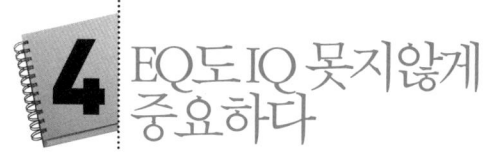

4 EQ도 IQ 못지않게 중요하다

여러분은 또한 자신의 EQ(감성지수)가 IQ(지능지수)못지않게 중요하다는 사실을 알아야 한다. 기업간부들은 보통 분석적인 사고방식으로 인해 하나의 조직을 일련의 시스템과 절차, 그리고 조직표로 컨트롤하고 관리할 수 있다는 환상을 갖게 된다. 물론 '취임 후 첫 100일'의 기간에 조직에 대한 통제력을 확보하려고 시도하는 것은 필요하고, 당신의 '취임 후 첫 100일' 계획도 그런 환상에 빠지기 쉽다. 그렇지만 조직이란 대인관계의 영향이 매우 큰 곳이라는 점을 명심해야 한다.

우리는 지금까지 '취임 후 첫 100일' 계획의 중요성을 강조해 왔지만, 이 계획을 다른 사람들이 받아들여 현실화되도록 만드는 능력에 EQ 기술이 중요하다는 사실을 과소평가하면 안 된다.

> 가장 중요한 것은 사람이고, 사람들이 서로 어떤 관계를 맺고 있느냐가 중요하다

EQ는 감성지능, 즉 자기인식과 자기규제, 자기 동기부여, 공감, 사회적 기술 등에 관한 것이다. 이 감성지능은 당신의 '취임 후 첫 100일' 계획을 어떻게 실행할 것인가 하는 측면에서 매우 중요한 요인이 될 것이다. 여러분은 이 계획의 실행을 위해 팀원들을 어떻게 포용하고 어떻게 동기부여를 할 것인지 생각해내야 하고, 이를 위해서는 자신이 메시지 전달을 어떻게 하고 있는지, 그리고 팀원들이 여러분의 접근방식과 계획에 어떤 반응을 보이고 있는지 잘 인식해야 한다.

'취임 후 첫 100일' 은 매우 치열한 시기이기 때문에 여러분의 감정반

응도 자연히 고조될 것이다. 이처럼 감정이 고조될 때 스스로 이 사실을 관찰할 수 있는 자기인식 능력이 탁월해야 하며, 자기규제 능력을 발휘해서 이 같은 감정을 관리하고 극복해야 한다.

예를 들어, '취임 후 첫 100일'의 기간이 시작되는 처음 몇 주는 매우 들뜨고 낙천적인 기분을 느낄 수 있는데, 이런 기분이 너무 지나치면 현실감각을 잃고, 연말 실적에 대해 과도한 약속을 해 버리는 상황에 처할 수 있다. 여러분의 팀원들은 그런 상황을 결코 좋아하지 않을 것이다!

아니면 '취임 후 첫 100일'의 기간이 시작될 때 불안을 느낄 수도 있다. 이때 불안한 감정을 잘 관리하지 못한다면 결정을 내리는 일을 연기할 가능성이 높아진다. 그렇게 되면 당신의 리더십 평판에 도움이 되지 못할 것이며, 사람들이 여러분에 대한 신뢰를 잃을 수도 있다.

여기서 내가 주려고 하는 조언은 여러분이 누구이든 얼마나 경험이 많든 간에 '취임 후 첫 100일'의 기간에는 자신의 주변에서 일어나고 있는 것들에 대해 과장된 반응을 보이게 된다는 가설을 받아들이라는 것이다. 이 시기에는 공황상태·공포·중압감 같은 극단적 감정에서부터 지나친 자신감과 오만의 다른 극단에 이르기까지 다양한 감정을 느낄 수 있으며, 그리고 이런 감정에 휘둘려서 행동할 위험이 있다는 사실을 고려하라는 말이다.

조직의 역동적이고 전염성 높은 감정생활emotional life은 여러분이 종합해서 진단하고 이해해야 할 중요한 요인이다. 예를 들어, 여러분이 이끄는 조직에 소속된 사람들이 이른바 '변화 피로' change fatigue, 즉 거듭되는 전략 변화로 인해 고통 받고 있지는 않은가? 여러분이 추진할 계획을 어떤 방식으로 알려야 사람들이 여러분을 믿고 당신이 성취하려고 하는 목표를 믿고 따르게 될까?

　여러분이 감성적으로 준비가 잘 되어 있을 경우, 여러분은 리더로서 사람들을 긍정적인 새로운 감성공명emotional resonance 으로 이끌 수 있는 좋은 위치에 있게 된다. 따라서 여러분의 지적·감성적 선택을 점검할 수 있는 올바른 지원시스템을 갖는 것이 '취임 후 첫 100일'의 기간에 큰 도움이 될 것이다.

　취임 후 첫 100일 동안, 특히 이 시기의 초반에 감정 관리를 잘하는 것이 여러분의 업무수행 가속화 여부를 결정짓는 중요한 요인이라는 사실을 알아야 한다. 이것을 잘못할 경우에는 사람들을 일찌감치 소외시킬 수 있지만, 잘할 경우에는 보다 **빠른** 진전을 이룰 수 있을 것이다.

> 첫 100일 고객의 사례 연구

은행에서 프리미엄 서비스 영업담당 글로벌 책임자로 새로 임명된 A씨의 사례

자신이 느끼는 감정의 주인이 되라

A씨가 이전에 받은 리더십·관리 관련 교육은 기능적인 면에 치중했기 때문에 '감성적' 지능(EQ)이 실제 지능(IQ)만큼 중요하다는 것은 그에게 새로운 개념이었다. 이번 상담에서 상담코치는 A씨가 자신의 감정을 더 잘 조절할 필요가 있다는 사실, 특히 취임 후 초반에 그래야 한다는 사실을 깨닫게 만들었다.

A씨를 만난 상담코치의 첫 번째 상담 메모

리더의 감정은 나머지 팀원들에게 쉽게 전염되기 때문에 리더가 자신의 감정을 잘 인식하는 것은 매우 중요하다. 리더들의 EQ에 관해 조사하고 EQ가 IQ보다 더 중요할 수 있다는 사실에 주목한 책이 많이 있다.

당신은 모든 사람이 당신을 리더로서 어떻게 올려다보는지 훨씬 더 정확하게 알아야 한다. 리더인 당신에 의해 따르는 사람들의 분위기가 정해진다. 모든 사람이 의식적으로, 혹은 무의식적으로 당신이 어떻게 하느냐에서 중요한 힌트를 얻게 되는데, 그것은 당신이 그들의 상사이기 때문이다. 당신의 기분이 나쁠 경우, 그런 기분이 당신이 이끄는 모든 팀원과 그 팀원들의 밑에 있는 사람들까지 모두 전염시켜서 모든 사람의 하루를 망칠 수 있다.

당신의 감정은 당신이 관리하는 팀원들과의 상호작용, 즉 전화 통화, 회의, 직접적인 만남 등을 통해서 회사 전체로 퍼져나갈 수 있다. 그러므로 당신이 평정심을 꾸준히 유지하는 것은 매우 중요하다. 우리는 침착하고 흔들리지 않는 상태에 있을 때 자신이 가진 능력을 최대로 발휘할 수 있기 때문이다. 침착한 상태에 있을 때 더 잘 집중하고 더 냉철해지기 때문에 보다 나은 결정을 내릴 수 있고, 곁길로 빠지는 위험을 피할 수 있다.

이것은 우리의 첫 번째 상담에서 강조했던 사항과도 연결된다. 즉 압박감을 완화하는 전략을 통해 중압감을 수용하고 이겨내야 한다. 또한 자신을 잘 돌아보고 자신의 감정을 컨트롤하는 능력을 향상시키며, 압박감을 느낄 때에도 항상 평정심을 유지해서 다른 사람들이 자신의 리드를 따르도록 만들어야 한다. 침착하면 할수록 당신은 더욱 생산적인 사람이 될 것이다.

한 번에 한 가지 일에만 집중하고, 과제를 완수했을 때는 그것을 미련 없이 놓아 버리고 휴식을 취한다. 그리고는 다음 과제에 집중한다. 예를 들어 채용 문제의 경우, 새로 채용이 필요한 직무의 리스트를 만들었는가? 어떤 방식으로 채용할지 계획을 수립했는가? 그밖에 비어 있는 자리를 채우는 일을 서두르기 위해 당신이 할 수 있는 일이 더 있는가? 만일 있다면 실행에 옮기고, 없다면 할 수 없는 것이니 잊어 버려라. 채용 문제와 관련해 당신이 지금 이 순간 추가로 더 할 수 있는 일이 없다면, 그 일은 채용을 전담하는 인사팀에게 맡기고 당신은 '취임 후 첫 100일' 계획의 다른 중요한 우선과제로 넘어가라. 그리고 인사팀이 채용 관련 사항에 대해 당신에게 매주 보고하는 식으로 절차를 수립한 다음, 어느 한 시점에 이르러 다시 채용 가속화를 위해 자신이 할 수 있는 일이 있는지 자문해 본다. 만일 있다면 실행에 옮기고, 없다면 다음 과제로 넘어간다.

　여기서 내가 말하고자 하는 바는 당신이 일을 할 때 자신도 모르게 무의식적으로 모든 것이 서로 뒤섞여 뒤죽박죽이 되어 버리는 현상이 생긴다는 것이다. 그러므로 과제들을 서로 분리해서 한 번에 하나씩 집중하도록 노력하고, 한 과제를 끝냈을 때 그 다음 우선 과제로 넘어가도록 한다.

　이번 상담 이전에 A씨는 자신의 생각과 감정을 모니터하는 데 별로 관심을 두지 않았다. 자신의 기분이나 감정이 자신과 주변 사람들에게 어떤 영향을 미치고 있는지 생각해 보지 않았던 것이다. 이 상담을 통해 그는 자신이 리더로서 계속 더 성장하고 팀원들이 최대한 능력발휘를 하도록 만들려면 이 '감성지능'의 개념에 더 익숙해지고 자신의 감정을 다스릴 필요가 있다는 사실을 깨달았다.

5 향후 30일의 결정적인 성공요인 : D1~D30

나는 '취임 후 첫 100일'을 겪는 리더들과 많이 일해 보았고 그 경험을 토대로 취임 후 첫 30일의 기간에 가장 중요한 성공요인이 무엇인지 정리했다. 내가 얻어낸 결과는 다음과 같다.

명확한 비전을 제시한다

앞에서 리더와 관리자는 서로 다르다는 얘기를 했는데, 리더는 '취임 후 첫 100일'의 기간에 명확한 비전을 제시해야 한다. 그리고 전임자가 정해놓은 비전이 이미 있다고 하더라도, 다른 경쟁자들을 물리치고 그 자리에 선택된 이상 여러분은 그 비전에 새로운 것을 추가하거나 새로 만들어야 한다. 그렇다면 여러분의 비전은 무엇인가? 다시 말해, 나중에 여러분이 그 자리를 떠날 때 사람들이 여러분이 남긴 업적과 유산에 대해 어떤 말을 하길 원하는가? 이것은 목표를 염두에 두고 스타트하는 것과 같은 뜻이다. 여러분이 나중에 그 자리를 떠날 때를 생각해 보고, 그때 무엇을 남기고 떠날 것인지 생각해 본 뒤에 여러분의 비전을 제시하라는 것이다.

두려워하지 않는다(자신감을 가진다)

내가 살펴본 바에 따르면 지위나 경험의 고하를 막론하고 모든 사람은 취임 후 첫 30일의 기간에 자신감 상실을 경험한다. 이것은 자연스런 현상이며, 나는 의뢰인들에게 이런 느낌을 그대로 받아들이라고 얘기한다.

이전에 해 보지 않은 역할을 맡으면 누구나 불안감을 느끼게 되는 것이 당연하다. 여러분이 '취임 후 첫 100일'의 중압감에 공포심을 느끼지 않고 결정을 잘 내릴 수 있으려면 자신감을 갖는 것이 매우 중요하다. 자신감의 가장 큰 적은 바로 공포심이다. 공포는 업무수행을 마비시킨다.

그렇지만 공포란 발생하지 않은 것에 대한 상상에 불과하다는 사실을 기억해라. 우리의 생각이 현실을 만들어내기 때문에, 자신의 마음에서 모든 공포심을 몰아내고 그 자리를 자신감으로 채워라. 만일 여러분이 공포심에 사로잡힌다면, 이성적인 또 다른 나에게 '공포는 상상의 산물이고 나는 긍정적 결과를 대신 상상하도록 선택할 수 있다'고 말하라. 또 다른 기법은 타오르는 불을 상상하는 것인데, 공포심이 생길 때마다 그것을 불 속으로 던져서 태워 버린다고 상상해라.

인내심과 끈질긴 근성을 발휘한다

새로운 역할을 맡은 리더는 자신이 새로 맡은 권한을 생각해서 최대한 빨리 변화를 추진하려는 마인드를 갖게 된다. 그렇지만 아무리 최선의 조직이라고 해도 변화에 대한 저항이 있는 것이 현실이다. 그러므로 여러분 자신은 너무 열광적인 모드에 빠져 있을지 모르지만 팀원들이나 여러분 주변의 사람들은 '변화 피로'에 시달리고 있을 수도 있으며, 의식적으로 무의식적으로 여러분의 아이디어에 저항하고 있을지 모른다는 현실을 인식해야 한다.

변화에 대한 저항이 있을 가능성이 높다는 점을 받아들이고, 이러한 저항을 극복해나갈 전략을 고안해야 한다. 다시 말해, 다른 사람들의 느린 페이스에 좌절하지 말고, 인간의 본성은 원래 변화에 저항하기 마련이라는 사실을 받아들이는 한편, 이 저항을 극복하기 위해 노력하라. 자신과 다른 사람들에 대해 인내심을 가져야 한다. 도전과 장애물에 굴하지 말고, 근성을 발휘해 다시 솟아올라야 한다.

빨리 배운다

여러분이 있는 업계와 시장, 그리고 조직은 끊임없이 변화하고 있으며, 여러분이 취임 후 첫 30일간 속도를 내기 위해 시동을 거는 동안에도 변화는 쉼 없이 계속될 것이다. 그러므로 여러분은 열성적인 태도로 최대한 빨리 새로운 업무에 관해 배울 수 있어야 한다. 여러분은 취임 후 첫 30일 동안 최대한 빨리 모르는 부분을 줄이고 업무 요령을 터득하는 데 전적으로 집중해야 한다. 이 책의 앞부분에서 가족이나 연인에게 당분간 신경 쓰지 못하는 데 대해 양해를 얻으라고 했던 것은 바로 이런 이유에서였다.

실수를 두려워하지 않는다

우리는 모두 실수를 저지르며, 이런 사실은 앞으로도 결코 변하지 않을 것이다. 그러므로 실수하는 것을 두려워해서는 안 된다. 특히 취임 후 첫 30일 동안에 실수를 두려워하지 않는 것이 중요하다. 실수는 배움의 풍부한 원천이며, 우리의 총체적 경험과 지혜를 구성하는 요소이다. 그런데 여기서 중요한 것은 실수를 다루는 방식이다.

여러분의 주변 사람들은 대개 초기의 실수에 매우 관대하기 때문에 실수가 오히려 같이 일하는 사람들과 더욱 깊은 관계를 구축하는 계기가 될 수 있다. 여러분은 완벽한 정보가 없는 상태에서 용기를 갖고 전진해야 하는 상황에 놓여 있기 때문에 그 과정에서 실수가 생기는 것은 불가피하다. 그러니 실수는 그냥 받아들이고 실수하는 것에 대해 너무 걱정하지 말라!

Part 02

중간 시기

중간 시기의 특성 | 무슨 일이든 대개 '중간'에 정말로 어려운 일이 생기는 법이다.

30일이 지나면 새 직책을 맡은 데 따르는 설렘은 사라지기 시작하고, 반면에 아직 어떤 성과를 보여줄 만큼 충분한 시간은 갖지 못한 상황을 맞게 된다. 말 그대로 이것도 저것도 아닌 어중간한 '중간'에 놓이게 되는 것이다.

여러분의 '취임 후 첫 100일'에 대해 모든 사람이 기대를 걸고 있지만, 첫 30일은 당신이 그렇게 많은 것을 해낼 것이라는 기대 없이 순식간에 지나가버릴 수 있다. 그런데 동시에 심판의 날이 다가오고 있다. 이제 '취임 후 첫 100일'의 삼분의 일이 지났기 때문에 여러분은 그동안의 진도를 점검하고 자신이 진전을 이루고 있는지, '취임 후 첫 100일'까지 거두기 원하는 성과를 성취할 수 있게끔 제대로 진행되고 있는지 체크할 필요가 있다.

진짜 어려운 일은
지금부터 시작이다

'취임 후 첫 100일' 여정의 중간 시기에 들어서게 되면 초기 성과를 보여주기 위해 본인은 더 열심히 노력해야 하고, 주변 사람들도 당신이 성과를 내는 데 도움이 되도록 만들어야 한다. 이 '중간' 시기는 힘들지만 궤도이탈하지 않고 계속 버티는 시기이며, 성과를 내기 위해 투입하는 에너지와 노력을 배가시키는 시기이다. 여러분은 이 시기에 벽에 부딪친 느낌을 가질 수 있고, 때때로 자신이 너무 과욕을 부린 것은 아닌가 하는 회의가 들 수도 있다. 그렇지만 이런 감정을 극복하고 계속 버텨나간다면 기대하는 결과가 여러분을 기다리고 있다는 것을 잊지 말기 바란다.

취임 후 첫 30일의 기간은 여러분이 상사와 이해관계자들, 그리고 팀원들을 만나고, 본격적인 업무 추진을 위한 워밍업을 하는 데 많은 시간을 보내는 시기이며, 주변의 사람들도 그런 사실을 이해한다. 그러나 중간 시기에 들어서면, 이런 초기의 이해심은 차츰 사라지고, 사람들은 여러분이 이제 진짜 행동으로 무엇인가 나타내 보여주기를 기대하게 된다. 그리고 이해관계자들 역시 여러분이 빠른 시일 안에 성과를 보여주기를 바라게 된다. 그런 열망은 시간이 흐르면서 점점 더 커지기 시작한다.

다음 장에서는 이 중간 시기의 핵심적인 2개월 동안 여러분이 취할 수 있는 접근법과 핵심적인 조치들을 간략하게 소개하겠다.

30일

1 계획 대비 진도 점검
2 조직에서 누가 진짜 중요한 사람이고, 진짜 중요한 일은 무엇인지 결정한다
3 팀의 업무수행 가속화
4 '취임 후 첫 100일' 계획 수정 손질하기
5 향후 30일의 결정적인 성공요인: D30~D60

60일

1 계획 대비 진도 점검
2 누가 남고 누가 떠나야할지 최종 결정
3 리더십 '승수효과' 활용
4 '취임 후 첫 100일' 계획의 갱신
5 향후 30일의 결정적인 성공요인: D60~D90

> 첫 100일 고객의 사례 연구

은행에서 프리미엄 서비스 영업담당 글로벌 책임자로 새로 임명된 A씨의 사례

리더가 성공하기 위해서는 업무수행능력이 뛰어난 팀이 필요하다

A씨는 취임한 지 한 달이 지났을 때 자신이 맡은 팀이 처음에 예상했던 것보다 더 나쁜 상태라는 사실을 깨닫고 심각한 패닉 상태에 빠졌다. 만일 팀원들이 만족스러운 수준으로 일을 하지 못한다면 '취임 후 첫 100일'과 그 이후에 자신이 원하는 성과를 어떻게 얻을 수 있겠는가?

'퍼스트 100' 코치와의 @30일 상담을 예약하면서 A씨는 자신이 새 자리에 취임한 이래 좌절감과 압박감을 가장 많이 느끼고 있는 상태라는 것을 깨달았다. 그는 새 직책에 성공적으로 안착하는 방법에 대한 조언을 귀담아 들었다. 그리고 사려 깊고 탄탄한 '취임 후 첫 100일' 계획, 자신이 첫 100일의 기간에 성취하고자 하는 것을 모두 담은 계획을 제시함으로써 상사와 핵심 이해관계자들에게 깊은 인상을 남겼다. 이런 쾌조의 스타트는 그의 자신감을 상승시키고 자신이 상황을 잘 장악하고 있다는 느낌을 갖게 했다.

그런데 몇 주가 지나면서 A씨는 만일 팀원들이 자신의 리더십을 잘 따라와 주지 않거나, 팀원 각자가 100 퍼센트 능력발휘를 하지 못할 경우엔 자신의 이런 노력들이 모두 물거품이 될 수 있다는 사실을 깨달았다. 그는 부임하면서 팀원들에게 과감하게 자율권을 주면 문제가 자연스레 해결될 것으로 생각했다. 하지만 이런 기대는 너무 순진한 것으로 판명이 나고 있었다.

팀원들은 여전히 윗사람의 지시에 너무 의존적이었고, 스스로 하는 자율적인 결단력이 부족했다. 그들은 A씨가 좀 더 적극적인 태도로 업무에 임해 달라고 강조하면, 면전에서는 그가 하는 말에 공감하는 태도를 취했다. 하지만 실제 행동에서는 그런 공감을 뒷받침할 만한 태도 변화를 전혀 보여주지 않았다. A씨는 또한 자신에게 직접 보고하는 인원이 12명이나 되는 것은 너무 많다고 생각했다. 그 가운데서 그가 기대하는 수준의 보고를 하는 사람은 4~6명에 불과했다. 그래서 그는 자신이 새로 맡은 이 일에서 정말로 원하는 결과를 내기 위해서는 자신과 기존의 팀 사이에 완전히 새로운 관리층을 만드는 게 필요하다는 생각을 하기 시작했다. 이 문제에 대해서는 상담 코치의 의견을 들어볼 생각이었다. .

그의 말을 듣고 상담 코치는 전에도 그와 비슷한 얘기를 많이 들어봤다고 했다. 자신이 물려받은 팀에 대해 실망한 것이 A씨에게는 놀랍고 새로운 사실일지 모르지만, 이런 일은 새로 임명된 리더가 팀원들의 자질을 평가할 때 흔히 경험하게 되는 현상이라는 것이었다. 상담 코치의 경험에 따르면, 조직의 리더십이 불량한 상태로 계속 흘러온 경우가 의외로 많고, 그런 경우 해당 조직 팀원들의 자질도 기대보다 떨어지는 경우가 많다는 것이었다.

상담 코치는 또한 새로 임명된 리더가 팀이 안고 있는 문제들을 '고치는' 작업과 관련해, 팀원들의 저항을 의식해 결심이 흔들리게 되는 경우가 많다는 점도 알고 있었다. 코치는 리더들이 자신의 팀원들에 대해 만족하지 못한다는 얘기를 하는 것을 수없이 들었다고 했다. 그렇지만 그 문제에 대해 뭔가 조치를 취하라고 제안하면, 아직 너무 이르다, 너무 몰아붙이면 역효과가 날 수 있다,

팀원들에게 기회를 줘야 한다는 등의 변명을 하며 미적거리는 경우가 많다고 했다. 그리고 '취임 후 첫 100일'의 기간이 끝나는 시점에도 팀원들에 대한 불만을 계속 늘어놓으면서도 막상 그 문제에 대한 적극적인 조치는 취하지 않고 계속 눈치만 보는 리더가 많다고 했다.

상담 코치는 A씨에게 이 문제에 정면으로 대응하라고 주문했다. 팀 내 변화는 최대한 빨리 추진하는 게 좋다고 했다. 그리고 (조직 내에서 구하든 아니면 외부에서 스카우트 하든) 참신한 인재를 영입하기 위한 채용계획에 박차를 가하라고 촉구했다. 상담 코치는 자신의 경험까지 얘기해 주면서 A씨에게 결단을 촉구했다. 상담 코치는 아무리 훌륭한 리더라도 제대로 된 팀이 뒷받침 되지 않으면 아무런 일도 해낼 수 없다는 사실을 거듭 강조했다. 코치는 이는 결코 미적거려서 될 일이 아니며, 자신감을 갖고 추진해야 한다고 A씨를 격려했다.

우선 팀이 어떻게 구성되어 있는지 면밀히 살펴보고, 여러분이 가진 권한을 이용해 인적 구성을 바꾸도록 하라. 여러분과 팀원들 사이에 중간 관리층을 새로 구성하는 것은 문제의 본질을 흐리게 할 수 있고, 중간 관리자 수가 너무 늘어날 수 있기 때문에 반드시 그렇게 할 필요는 없다고 본다. 팀 자체로부터 한 발짝 물러서서 여러분이 향후 2년 동안 이 직책에 있으면서 반드시 이루고 싶은 목표가 무엇인지 다시 생각해 보라. 여러분이 2년의 기간 동안 성취하고 싶은 성과에 집중하려고 할 때, 팀원들이 할 역할은 어떤 것인가? 팀원들이 해 온 기존의 역할이나 직책의 업무 성격에 더 이상 얽매이지 말라. 기존의 업무방식을 굳이 유지할 필요는 없다.

> 그보다는 여러분이 2년 안에 성취하고 싶은 성과에 맞춰 팀원들에게 어떤 새로운 역할과 직무를 만들 것인지에 대해 생각하라. 여러분은 팀원들이 어떤 기능과 역할을 해 주기를 원하는가?

Chapter 4
30일

1 계획 대비 진도 점검
2 조직에서 누가 진짜 중요한 사람이고, 진짜 중요한 일은 무엇인지 결정한다
3 팀의 업무수행 가속화
4 '취임 후 첫 100일' 계획 수정 손질하기
5 향후 30일의 결정적인 성공요인 : D30~D60

 # 계획 대비 진도 점검

계획 대비 진도 점검

30일

1 취임 후 첫 100일 동안 달성하고 싶은 성과들을 점검한다.
2 위의 성과를 달성하기 위한 과정이 순조롭게 진행되고 있는가?
3 취임 후 30일 시점에 도달하고자 했던 목표 지점에 와 있는가?
4 계획에서 잘되고 있는 부분과 잘되지 않고 있는 부분을 점검한다.
- 계획 대비 진도를 개선하기 위해 어떤 일을 더 할 수 있는가?
- 진도를 방해하는 장애물을 해결하기 위한 브레인스토밍 실시
- 업무수행을 가속화 할 수 있는 기회가 무엇인지에 대해 생각
- 이 작업과 관련해 도움을 줄 수 있는 사람은? 반응 테스트의 대상으로 삼을 수 있는 사람은 누구인가?

지금 당신이 해야 할 가장 중요한 일은 잠시 멈춰 서서 자신의 '취임 후 첫 100일' 계획에서 30일이 되는 시점에 도달하고자 했던 목표 대비 진도 상황을 점검하는 것이다. 당신은 물론 바쁘게 일했겠지만, 문제는 일을 제대로 하며 바빴는가 하는 것이다.

새 직책을 맡고 나서 지금까지 분명 새로운 외부 요인들이 나타나기 시작했을 것이다. 그 동안 겪은 실제 상황은 여러분이 예상한 것보다 더 나쁘거나 다르거나 혹은 더 좋을 수도 있을 것이다. 하지만 결과에 관계없이 당신이 원래 계획한 대로 계속 집중해서 밀고 나가는 게 중요하다. 사람들이 취임 후 첫 100일의 기간에 임팩트를 최대한 발휘해 보여주지 못하는 이유는 전략적 우선순위에서 쉽게 이탈해 버리기 때문이다. 이 30일이라는 시점은 그동안의 진도를 점검하고, 자신이 너무 세부적인 것만 챙기느라 힘을 소진하거나, 급한 불을 끄느라 허둥대는 것과 같은 함정에 빠지지 않았는지 체크하는 중요한 기회가 된다.

> 제대로 바쁜가 아니면 쓸데없이 바쁜가?

여러분의 '취임 후 첫 100일' 계획서를 다시 꺼내서 최소한 두 시간 동안 다음 사항들을 꼼꼼하게 검토해라.

- 자신이 설정한 핵심적인 우선과제에 계속 집중하고 있는가?
- 취임 후 첫 100일이 끝나는 시점까지 성취하고 싶은 성과를 위해 지금까지 이루고자 했던 목표들을 이루었는가? 지금 어떤 일을 하는 데 시간을 보내고 있는가?
- 만일 지금 원래 계획에 없는 활동을 하는 데 시간을 보내고 있다면, 그 이유가 무엇인지 자문해 보라. 원래 계획을 수정하든지, 그게 아니라

면 원래 목표로 되돌아가야 한다.
- 다음의 30일 체크리스트를 이용해서 지난 30일을 돌아보도록 한다.

> **30일 체크리스트**
>
> **1 첫 30일 동안 자신이 가진 시간과 에너지를 어떻게 썼는가?**
>
> 　모든 것을 다 할 수는 없지만, '취임 후 첫 100일' 기간의 각 단계에서 매일매일 자신의 시간을 어떻게 쓸지에 대해 올바른 선택을 하는 것은 상징적으로, 그리고 실질적으로 중요하다. 예를 들면, 지난 30일 동안 고객과 얘기하는 데 얼마나 많은 시간을 썼는가? 사무실에 앉아 '진짜 세상'과 유리된 채 일하는 대신 실제 영업 현장을 이해하기 위해 현장에서 얼마나 많은 시간을 보냈는가? 상사에게 잘 보이기 위해 끊임없이 노력하는 대신 팀원들에게 얼마나 많은 시간을 투자했는가? 첫 30일 동안 당신은 무엇을 하는 데 시간을 썼으며, 당신이 어떤 일에 시간을 쓰고 있다고 다른 사람들이 알고 있는가?(아마도 후자 쪽이 더 중요할지 모른다)
>
> 　어떻게 시간을 쓸지 당신이 의도적으로 선택할 수 있다. 즉 당신이 '말한 것을 실행한다'는 것을 다른 사람들에게 의식적으로 보여줌으로써 '취임 후 첫 100일' 계획에서 추구하는 우선순위를 상징적으로 내세우고, 이를 통해 팀원들이 그 우선순위에 따라 행동하도록 동기부여를 하는 것이다. 이는 또한 실질적 의미에서도 중요하다. 당신이 특정 분야에 시간을 투자하고 주의를 기울일 경우, 그와 같은 집중과 관심에 힘입어

가시적인 수확물을 거두게 될 수 있기 때문이다.

2 중압감을 잘 관리하고, 당신의 성공을 비는 많은 사람들의 바램을 만족시켰는가?

당신은 첫 30일 동안 안팎으로 수많은 사람을 새로 만나고 상대해야 한다. 모두들 당신과 어떤 관계를 맺기 원하고, 이것은 당신에게 중압감으로 작용할 수 있다. 어떤 사람이 귀중하고 어떤 사람이 진짜이며 어떤 사람이 신뢰할 수 있는 사람인지 판단하는 능력은 '취임 후 첫 100일'의 우선과제와 계획들을 빨리 추진하는 데 결정적으로 작용할 것이다. 내 의뢰인 중에는 취임 후 첫 일주일 동안 수백 통의 이메일을 받았는데, 이들 중 누가 중요한 사람이고, 누가 시간만 허비시킬 사람인지 아직 몰라서 이들의 우선순위를 어떻게 정해야 할지, 어떤 반응을 보여야 할지 알 수 없다고 말하는 사람들이 있었다.

나는 그들에게 그냥 단순하게 대응하라고, 즉 그냥 모든 사람에게 기분 좋고 친절하게 대하라고 권했다. 모든 사람에게 미소를 짓고, 필요하면 악수를 하고, 이메일에 회신을 보내라. '연락 주셔서 너무 감사합니다. 제 일정이 정해지는 대로 가능한 빨리 만나고 싶습니다' 같이 통상적이고 간략한 회신이라도 괜찮다.

이런 간단한 메일이라도 좋은 행동이 되는 이유는 첫째, 받은 메일을 무시하지 않고 회신을 보냄으로써 메일 보낸 사람에게 존중하는 마음을 보여주고, 둘째, '고맙다'는 말을 함으로써 그 사람이 직접 만나볼 만큼 중요한 사람인지 생각할 시간을 벌게 해주기 때문이다. (상사나 믿음이 가는 팀원들에게 그 사람에 대해 물어볼 수 있다). 그리고 무엇보다도 고맙다는 말은 누가 언제 들어도 기분 좋은 말이다. 이런 종류의 메일은 당신이 후속 메일을 보내지 않더라도 별로 문제가 되지 않는다. 후속 메일이 없으면 당신이 굉장히 바쁘다는 메시지가 이런 답장에 암묵적으로 담겨 있기 때문이다.

3 전임자에 대해 어떤 태도를 보였는가?

당신이 취임 후 첫 30일 동안 전임자에 관해 어떤 태도를 보이는지는 중요한 문제로서, 당신이 사람들을 어떻게 대할지 드러내는 신호가 될 것이다. 당신의 전임자가 일을 잘했건 못했건 간에 전임자에게 공개적으로 감사의 뜻을 표시하고 업무를 인계받는 것이 훌륭한 태도이다.

그런데 전임자가 여전히 주변에서 어슬렁거리는 이상한 경우도 종종 보게 된다! 새로 임명된 리더가 취임했지만, 이 자리를 유지하는 데 실패한 전임자가 상사에게 영향력을 행사해서 (아니면 미안해하는 상사의 마음을 악용해) 업무 인수인계를 한 달이나 3개월, 6개월씩 질질 끄는 경우도 있다. 만일 당신이 이런 상황에 처했다면, 당당한 태도로 두 사람이 동시에 최고책임자가 될 수 없다고 분명하게 선을 그어야 한다.

당신이 변화를 위한 새로운 아이디어들을 가지고 왔는데 옛 상사가 계속 그 자리에 어슬렁거린다면 팀원들이 혼란스러워할 것이라고 말해야 한다. 전임자는 당연히 당신이 제시하는 새로운 제안들에 불만을 가질 것이고, 그가 아무리 좋은 의도로 비판을 한다 해도 자신에 대한 개인적인 비판으로 받아들일 것이라고 말하라. 떠나는 사람이 그런 제안을 내놓은 것은 고마운 일이기는 하지만 필요 없다고 단호하게 말해야 한다. 전임자는 새 직책을 맡을 때까지 편하게 다른 일에 관심을 쏟는게 좋겠다고 말하라. 그렇게 하면 회사 측에서 전임자에 대한 조치를 빨리 할 수밖에 없을 것이며, 당신은 홀가분하게 새로 맡은 일을 시작할 수 있게 될 것이다.

4 첫 번째 실수 | 나쁜 소식 | 초기 압박감에 어떻게 대처했는가?

취임 후 첫 30일의 상황은 이성에게 처음 구애하는 것과 비슷한 면이 있다. 주위에 있는 다른 사람들 모두를 기쁘게 하고 싶고, 좋은 인상을 심어 주고 싶어하는 시기이기 때문이다. 그렇지만 인간이기 때문에 불가피하게 실수를 하기도 하고, 뜻하지 않게 오해를 받기도 한다. 하지만 처음 맡는 새로운 직책이기 때문에 실수를 할 수 있는 것이다. 그것은 다른 사람들도 마찬가지다. 경험이 많은 CEO나 최고경영진도 길을 잘못 들어설 수 있다. 그러니 실수는 불가피한 일이라는 점을 받아들이고, 자기가 저지른 실수든 남이 저지른 실수든 실수에 대처하는 방법을 개발해야 한다. 실수를 어떻게 극복하고, 부담감이 극도로 고조되는 '취임 후 첫 100일'의 기간에 자신의 감정은 물론, 주위에 있는 다른 사람들의 감정을 어떻게 다스리는가 하는 것은 매우 중요한 문제이다. 앞서 '에너지관리'와 관련해 언급했던 것과 같은 '압력-밸브-방출' 시스템을 갖추는 것이 초기의 실수에 잘 대처하고, 실수로 인해 흔들리지 않도록 하는 데 필요하다.

5 미지의 요인에 얼마나 잘 대처하고 궤도이탈을 피할 수 있었는가?

미지의 요인들은 원래 계획에서 다룰 수 없는 부분이기 때문에 '취임 후 첫 100일' 계획에 미지의 사태에 대한 대비책이 포함되지 않은 것은 어쩌면 당연한 일이다. 예를 들면, 거시적 외부요인들이 보다 크게 작용할 수도 있고, 특히 취임 후 첫 30일 동안에는 미시적 이슈들이 보다 크게 작용할 수 있다. 물론 새로운 상황에 적응할 필요는 있지만, 지나치게 일일이 대응하는 식으로 행동하는 것은 곤란하다.

상황에 적응하는 것과 즉흥적인 대응 사이에서 균형을 잘 잡아야 한다. 미지의 요인이 당신의 '취임 후 첫 100일' 계획 전체를 바꾸게 할 정도로 강력할 가능성은 높지 않다. 물론 회사의 파산 같은 극단적인 경우는 제외하고! 따라서 대부분의 경우, 계획의 전면적 개편보다는 원래 계획에 새로운 정보를 포함시키는 방식으로 해결하면 된다. 당신의 '취임 후 첫 100일' 계획이 전략적 목표를 염두에 두고 수립되었다면, 계획서에 쓴 '원하는 성과'를 변경해야 할 가능성은 낮다. 그렇지만 이 성과의 달성에 필요한 행동은 필요에 따라 조정할 준비를 갖추고 있어야 한다.

6 사람들이 적재적소에 있다는 생각이 드는가?

당신이 '무엇을' 성취하고자 하는지에 대해 사람들에게 설명하고 나면, 그것을 들은 사람들은 이제 '어떻게' 그 일을 해낼 것인가 하는 문제로 고민하기 시작할 것이다. 당신 주변에

똑똑하고 열정적이며 민첩한 사람들을 두는 것은 매우 중요하다. 당신과 진짜 손발이 잘 맞는 사람이 누구인지 알아내기 위해서는 '취임 후 첫 100일' 기간의 초반에 집중적으로 많은 시간을 할애하는 게 좋다. 물론 사람을 보는 데는 초반뿐만이 아니라 그 이후에도 계속해서 수시로 체크해야 할 것이다.

　새 직책으로 취임하고 한 달이 지난 시점에서는 여러 상황을 점검해 보아야 한다. 당신이 물려받은 사람들과 그들의 능력에 대해 생각해 보고, 이들이 당신의 리더십 아래서 어떤 발전을 할 수 있을지에 대해서도 생각해 보아야 한다. 업무수행 능력이 뛰어난 사람들로 팀을 구축하는 것은 당신이 그 자리에서 성공하는 데 결정적인 요인이기 때문이다. 이 문제는 나중에 좀 더 상세히 다루기로 한다.

7 '취임 후 첫 100일' 계획과 관련해 사람들과 얼마나 잘 소통하고 있는가?

　당신이 수립한 계획을 사람들에게 어떻게 전달하느냐 하는 것은 그 계획을 실행에 옮기기 위해 사람들을 제대로 동원할 수 있는가 하는 문제와 직결된다. 소통을 위해선 같은 의미를 여러 가지 방식으로 표현하는 방법을 알아야 할 것이다. 커뮤니케이션 구조communication architecture를 제대로 만들고, 이를 활용하는 것은 '취임 후 첫 100일'의 성공에 매우 중요한 요소이다. 첫 30일이 지난 시점에는 '당신의' 계획이 팀원들과 이해관계자들이 모두 포용하는 '우리의' 계획이 되어 있어야 한다.

당신이 아무리 뛰어난 계획을 가지고 있더라도 다른 사람들이 그것을 받아들이지 않으면 아무 소용이 없다. 아무리 세계 최고의 '취임 후 첫 100일' 계획을 세웠다 할지라도 그것에 대해 제대로 아는 사람이 아무도 없다면 그것은 아예 만들지 않은 것이나 마찬가지다. 그리고 이 계획을 전달하는 방식에는 파워포인트로 밋밋하게 발표하는 것 외에 참신한 방법이 너무나 많이 있다. 새로운 소셜 미디어social media를 잘 활용해서 조직의 각 단계에 있는 사람들과 모두 소통하도록 해야 한다.

8 당신의 직속상사, 그리고 그 상사의 상사와 얼마나 호흡이 잘 맞는가?

물론 직속상사와 궁합이 잘 맞는 것이 매우 중요하지만 '상사'의 개념을 너무 좁게 해석할 필요는 없다. 당신의 직속상사가 조직에서 보조를 잘 맞추지 못하는 사람이거나 눈 밖에 난 사람일 수도 있기 때문에, 이 상사의 상사와도 반드시 만날 필요가 있다. 그리하여 이들 상사가 서로 연합군인지, 회사가 직면하고 있는 전략적 도전과제와 관련해 리더십 '먹이 사슬' 위쪽에서 어떤 논의가 이뤄지고 있는지에 관해 정보를 얻도록 한다.

9 지금까지의 성공을 축하하고 틈틈이 즐거운 시간을 보내고 있는가?

'취임 후 첫 100일'은 매우 치열한 시기이기 때문에 가끔 멈춰서 중간 진도를 점검하고 그동안의 성공을 자축하는 시간을 갖는 것이 매우 중요하다. 취임 후 일 년의 기간에서 첫 100일은 단거리 경주와 같고 나머지 기간은 마라톤과 같다. 이 기간 동안 자신이 해낸 것에 대해 성취감을 느낌으로써 활력이 계속 충전되게 하는 것이 필요한데, 특히 초반의 단거리 경주 단계에서는 이러한 의식이 도움이 된다.

 ## 조직에서 누가 진짜 중요한 사람이고, 진짜 중요한 일은 무엇인지 결정한다

30일 동안 새 역할을 체험한 지금, 다음과 같은 질문을 자신에게 해 본다.
- 여기서 무엇이 진짜 중요한 일인가?
- 여기서 누가 진짜 중요한 인물인가?

이 질문들은 제대로 답변하는 데 시간이 걸리는 질문이기 때문에 이제야 여러분에게 제기하는 것이다. 여러분은 지난 30일간 새 업무를 출발시키느라고 바빴는데, 이제는 다시 머리를 들고 이 질문들에 대해 보다 심층적으로 생각해 볼 때가 됐다.

문화와 사내 정치는 조직생활의 필수적인 부분이다. 여러분은 물론 이 직책을 맡기 전에 이 직책에서 중요한 것이 무엇인지, 그리고 조직에서 중요한 것이 무엇인지 설명을 들었겠지만, 나는 여러분이 지난 한 달간 경험한 것을 토대로 이 문제에 대한 답을 스스로 내리라고 권하고 싶다.

조직 내에서 민감한 정치적 행동을 능숙하게 잘 한다는 것은 조직이 어떻게 돌아가는지를 이해하고, 조직이 추구하는 목표를 달성하기 위해서 여러 자원을 효과적으로 동원하는 일과 직결된다. 성공적으로 일을 하는 리더는 모든 인간관계와 모든 만남, 모든 부서, 그리고 모든 조직에서 두 개의 차원이 작용하고 있다는 사실을 잘 알고 있다. 하나는 '표면 위'에서 일어나는 것이고, 다른 하나는 '표면 아래'에서 일어나고 있는 일이다. 조직의 움직임을 잘 읽는 능력은 매우 중요한 기술이다. 여러분이 아무리 세계 최고의 '취임 후 첫 100일' 계획을 가지고 있다고 하더라도 여러분이 일하는 바로 그 '조직' 에서 '진짜 중요한 게 무엇인지' 알지 못한다면 여러분이 하는 모든 노력이 물거품이 될 수 있다.

- 조직이 돌아가는 방식과 과정, 절차, 시스템에 대해 아는가?
- 조직 내 세력 기반과 명시적 · 암묵적으로 최고 중요시되고 있는 안건이 무엇인지 아는가? 사내의 공식 · 비공식 네트워크가 어떻게 작동되고 있는지에 대한 감이 있는가?
- 핵심적인 의사결정권자는 누구고, 영향력이 제일 큰 인물은 누구인지 아는가?
- 공식적인 조직표 외에 조직의 비공식적인 조직표가 어떻게 그려지고 있는지 큰 그림을 이해하고 있는가?
- 공식적으로 설명되거나 문서로 작성되지 않았지만 반드시 알고 있어야 하는 내용이 있다. 여러분은 이런 일의 행간을 읽을 수 있을 정도로 단련된 정치적 감각을 갖추고 있는가?
- 만약에 그런 정치적 감각을 갖추고 있지 못할 경우, 그 부족한 부분을 어떻게 보완할 것인가?

> 수면 밑을 체크하라 — 이 회사가 돌아가는 진짜 방식은 어떤 것인가?

조직의 세계를 읽기 위해서는 기술과 시간, 그리고 다른 사람들의 심리를 꿰뚫는 세련된 감수성이 필요하다. 조직의 정치적 구조를 잘 읽고, 무엇이 조직을 움직이게 하는지 알아낼 수 있어야 한다.

지금 당장 네트워크에 투자해라. 당장 눈앞에 놓여 있는 과제에만 집중하지 말고, 중요한 인간관계와 네트워크의 움직임을 이해하는 데 주의를 기울이고 시간을 투자하라. 지금 좋은 인간관계를 구축하는 데 쓴 시간이 나중에 여러분이 추구하는 계획을 실행하는 데 귀중한 도움이 될 것이다. 그리고 요청하면 상사나 인력 관리부서가 사내 멘토를 정하는 데 도움을 줄 수도 있다. 이상적인 사내 멘토는 근속기간이 길고, 조직개편이나 CEO가 교체되는 동안에도 여러 차례 살아남은 사람, 여러분이 조직문화를 파악하는 데 도움을 줄 수 있고, 여러분이 사내 정치에 최대한 빨리 적응하도록 기꺼이 도와줄 사람이다.

3 팀의 업무수행 가속화

지난 30일간 새 리더인 여러분에게 많은 관심이 집중되었을 것이다. 하지만 아무리 뛰어난 리더라도 강한 팀, 업무수행 능력이 뛰어난 팀 없이는 아무 것도 성취할 수 없다.

| 건강한 팀을 만들어라 | 솔직히 말해, 팀의 중요성은 아무리 강조해도 지나치지 않다. 새로 임명된 리더가 가진 가장 큰 이점 중의 하나는 자기가 이끌 조직에 변화를 시

도하고, 그동안 유지되어 온 기존 체제를 바꾸기 위한 도전을 해도 좋다는 무언의 허가를 자동적으로 받는다는 점이다. 사실, 새로 취임한 여러분은 조직원들로부터 팀에 변화를 가져올 것이라는 기대를 받고 있으며,

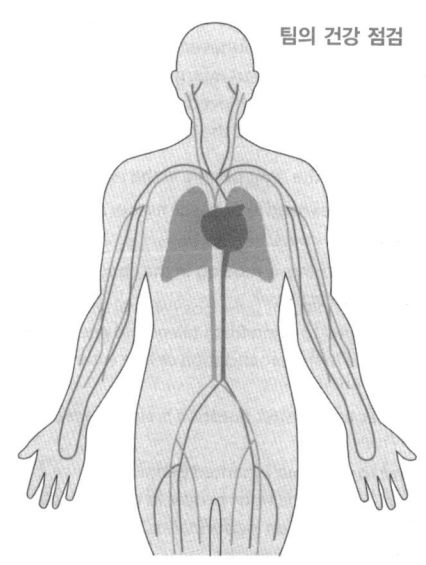

팀의 건강 점검

모든 사람이 이 사실을 알고 있다. 그렇지만 팀원들은 그런 변화에 대해 저항의 신호를 보낼 것이고, 아직 변화를 시작할 때가 아니라는 말을 여러분에게 할 것이다. 물론 이러한 반응은 사람들이 본능적으로 변화를 두려워하기 때문에 나오는 것이다. 그러나 여러분이 팀에 아무런 변화도 가져오지 않고 그 자리에 있는 기간이 길어지면 길어질수록 나중에 변화를 시도하기가 점점 더 어려워진다. 그렇게 되면 몇 개월 동안 괜찮다고 하던 것을 왜 갑자기 바꾸려하느냐는 소리를 듣게 될 것이고, 그런 반응을 무릅쓰고 자신의 입장을 밀어붙이기는 점점 더 어려워질 것이다. 그러므로 새 리더로서 일을 시작한 초반의 이점을 잘 활용해서 지금 가장 과감한 조치들을 취해야 하며, 변화를 위한 그런 조치들은 최대한 빨리 해치워야 한다!

팀을 인체에 비유해서 생각해 보면 이해하는 데 도움이 될 것이다. 인체에 비유했을 때, 건강한 팀(업무수행이 뛰어난 팀)이 되려면 냉철한 두뇌(팀의 분석력과 지능, 지식)와 유능한 손(팀의 기능과 능력), 그리고 튼튼한 심장(팀의 열정과 동기부여, 연대의식)을 모두 갖추고 있어야 한다.

잠깐 뒤로 물러서서 팀의 건강을 점검해 보라. 각 부분이 합쳐져서 건강한 팀을 만들고 있는가? 예를 들어, 팀에 지능(두뇌)과 기능(손)은 있지만 열정(심장)이 없는 것은 아닌가?

팀을 건강하게 만들기 위한 아이디어에는 다음과 같은 것이 있다.

- 기능 교육에 투자
- 팀 구축에 투자
- 필요한 인재 채용

| 사람들이 적재적소에 있는가? | 각 부분이 합쳐져서 조화를 이루는지에 대해 살펴본 다음에는 각 부분을 하나씩 점검하는 일도 필요하다.

새 자리에 취임한 지 한 달이 지난 지금, 여러분은 어떤 것을 성취해야 하고 앞으로 어떤 도전과제가 앞에 놓여 있으며, 주변에 있는 팀원들의 자질이 어떤지에 대해 보다 많은 경험과 정보를 갖고 있을 것이다. 그런 정보를 바탕으로 다음과 같은 사항에 대해 심사숙고해 보아야 한다.

- 사람들이 적재적소에서 일하고 있는가?
- 지금 당장 필요한 변화는 무엇이며, 나중에 시도해야 할 변화는 무엇인가?
- 여러분이 달성하고자 하는 목표에 비추어 볼 때 뭔가 빠진 것은 없는가?
- 조직의 안팎에서 참신한 재능과 에너지를 가져와야 할 필요는 없는가?

그리고 위의 마지막 질문에 대한 답은 언제나 확실한 '예스' 이다.

물론, 여러분이 기존 조직에서 물려받은 사람들에게 기회를 주어야 하겠지만, 사람들을 적재적소에 놓는 일을 너무 느리게 진행할 경우, '취임 후 첫 100일' 과 첫 일 년 동안 실적을 빨리 내는 일에 매우 부정적인 영향을 미칠 수 있다.

# '취임 후 첫 100일' 계획 수정 손질하기

'취임 후 첫 100일' 계획의 손질

30일

1 지난 30일의 경험과 다음 사항들을 토대로 각 '원하는 성과' 를 검토하고 향후 30일의 행동을 재설정하라.
- 계획 대비 진도 점검

- 30일 체크리스트에 따른 점검

- '여기서 누가 중요하고 무엇이 중요한지' 분석

- '팀의 업무수행 가속화' 방법에 대한 새로운 아이디어와 기회

5 향후 30일의 결정적인 성공요인 : D30~D60

다음은 여러분이 향후 30일간 고려해야 할 사항들을 정리한 것이다.

문제에 대해 현실적인 태도를 보여라

모든 것이 완벽할 것이라는 환상에 집착하는 것은 아무런 소용이 없다. 승진에 따른 초기의 들뜬 마음과 새 역할을 시작하는 흥분이 어느 정도 가라앉은 지금, 여러분이 실제로 경험하고 있는 문제와 도전과제들에 대해 눈을 크게 뜨고 봐야 한다. 새로 임명된 리더는 대개 D30~D60의 기간에 실제상황이 자신의 예상보다 훨씬 더 나쁘다는 사실을 깨닫게 된다.

면접 단계에서는 그렇게 좋은 사람처럼 보였던 상사가 사실은 나쁜 사람 쪽에 가깝다는 사실을 깨닫기도 하고, 팀원들이 태만하다거나 CEO가 너무 자기 잇속만 차리고, 회사를 발전시키는 일에는 별로 관심을 갖지 않는다거나 하는 사실을 깨달을 수 있다.

그리고 이런 종류의 깨달음을 갖게 되었을 때 자연스럽게 나오는 반응은 그 깨달음을 부정하고 무시하려는 것이다. 왜냐하면 여러분은 이전 회사나 이전 직책보다 모든 것이 더 낫다는 생각을 계속 붙들고 싶어 하기 때문이다. 그리고 나쁜 상황을 그대로 받아들이기보다는 나쁘다는 사실을 부정하는 쪽을 선호하기 때문이다. 그렇지만 '취임 후 첫 100일' 동안에 빨리 성공하고 싶다면, 현 상황에서 직면하고 있는 보다 심층적인 문제들을 받아들이는 쪽이 부정하는 쪽보다 더 현명하고 더 건설적인 선택이다.

새 리더로서의 이점을 활용하라

D30~D60의 기간 중에는 몇 가지 과감한 변화를 추진할 수 있는 기회의 창(窓)이 있다. 아마도 첫 30일 동안에는 변화를 도입할 만큼 충분한 정보가 없었을 수 있고, 정보가 있었다고 할지라도 여러분이 취임하자마자 변화를 추진하는 것은 다른 사람들에게 너무 시기상조로 보였을 수 있다. 그렇지만 한 달이 지난 두 번째 달은 여러분이 이 직책에 있은 지 한 달이 되었고, 다루어야 할 현안과 변화가 필요한 부분에 대해 보다 심층적인 이해를 하게 되었다고 말할 수 있는 완벽한 타이밍이다.

여러분이 취임 전 준비로 역할·조직·시장의 프로필을 만들었을 때 아마도 고쳐야 할 부분이나 변화가 필요한 부분에 대해 나름대로 조기 가설을 세웠을 것이다. 그리고 취임 후 30일이 지난 지금, 여러분은 자신이 직접 관찰하고 경험한 것을 통해 그 가설을 뒷받침할 수 있다. 따라서 이번 기회를 지나치지 말아야 한다.

변화를 추진하는 시점에 신경을 쓰고 변화를 뒷받침할 합리적 근거가 충분히 있을 때 실행하는 것이 좋다. 그러면 여러분은 오만하거나 충분한 정보가 없는 상태에서 성급하게 변화를 추진하는 사람이 아니라, 조기에 과감하게 변화를 추진하는 용기를 가진 사람으로 비쳐질 것이다.

지금 네트워크에 투자하라

성공적인 리더가 되려면 다수의 추종자가 있어야 한다. 여러분의 팀원들은 여러분이 상사니까 시키는 대로 할 수밖에 없고, 여러분은 그들의 인사고과와 보수에 대한 결정권을 갖고 있다. 그렇지만 요즘의 기업 구조는 매우 고도화 되어 있어서 당신이 뭔가를 해내기 위해 의지해야 할 사람들 대부분에 대해 직접적인 권한을 갖고 있기는 어렵다. 복잡한 조직 구조에서 어떻게 네트워크를 잘 활용하고 추종자들을 확보하는가 하는 것은 여러분의 성공에 필수불가결한 요소이고, 여러분은 향후 30일 동안에 이 문제에 대해 생각할 수 있을 것이다. 그때쯤이면 여러분이 새 직책에 있은 시간이 업무수행을 위해 반드시 고려해야 하는 네트워크에 대한 감각을 어느 정도 키우는 데 충분할 것이기 때문이다.

그러므로 지금 네트워크에 투자하고, 여러분의 과제수행에 도움을 줄 수 있는 사람들과 친밀한 관계를 형성하고 여러분의 추종자들을 만들어 낼 방안을 찾아내라. 여러분이 직접 관리하는 부서를 넘어서서 보다 많은 사람들에게 다가가는 것을 두려워하지 마라.

여러분이 현장의 상황이 어떤지, 영업점과 같이 최종 소비자들이 자사 제품과 서비스를 체험하는 곳의 상황이 어떤지 이해하려고 노력하는 데 시간을 투자할 경우 사람들은 여러분을 더욱 믿고 따르게 될 것이다.

사무실 밖으로 나가라

취임 후 첫 30일 동안은 상사와 팀원들을 만나고 자신을 새 직책에 안착시키는 데 시간을 보내야 하므로 당신이 사무실 안에서 시간을 보낼 수밖에 없었다고 해도 이해가 간다. 그렇지만 그 다음 달에도 사무실을 크게 벗어나지 않은 채 보내서는 안 된다. 그룹의 본사를 방문하고, 고객과 경쟁사, 그리고 핵심 공급자들을 방문하라.

사무실 밖으로 나가 보다 다양한 관점을 얻어야 한다. 최소한 이를 통해 보다 많이 배우게 될 것이고, 현실과 동떨어지지 않고 현실을 중시하는 사람으로 비쳐지게 될 것이다. 그렇게 하다 보면 여러분이 직면한 현안들을 풀 수 있는 혁신적 방안이나 새로운 해결책을 발견하는 수확을 올릴 수도 있다.

최선의 리더가 되도록 노력하라

 향후 30일 동안, 가능한 최선의 리더가 되고 있는지 자신을 점검해 보라. 명확한 방향을 설정하고 있는지, 자신이 가고 싶은 길에 사람들을 함께 데려가고 있는지, 올바른 결과를 얻고 있는지에 대해 자문해 본다. 취임 후 90일이 되는 시점이 공식적인 피드백을 수집하기 가장 좋은 때지만(이 문제는 나중에 자세히 언급하겠다) 그러기 전에 먼저 여러분의 리더십 메시지가 어떻게 받아들여지고 있는지, 여러분의 추종자가 생기고 있는지, 그리고 여러분이 세운 목표가 제대로 성취되는 데 필요한 탄력이 붙고 있는지에 대해 상사와 팀원들로부터 비공식적인 피드백을 얻도록 한다.

Chapter 5
60일

1 이전에 해오던 역할에서 벗어나라
2 자신만의 에너지관리시스템을 세워라
3 새로운 자리로 옮겨가는 데 따른 핵심 도전과제들을 파악하고
  이해하라
4 새 직책과 조직·시장에 대해 상세한 프로필을 작성하라
5 목표를 염두에 두고 시작하라

계획 대비 진도 점검

계획 대비 진도 점검

60일

1 취임 후 첫 100일 동안 달성하고 싶은 성과들을 점검한다.
2 위의 성과를 달성하기 위한 과정이 순조롭게 진행되고 있는가?
3 취임 후 60일 시점에 도달하고자 했던 곳에 와 있는가?
4 계획에서 잘되고 있는 부분과 잘되지 않고 있는 부분 점검
  - 계획 대비 진도를 개선하기 위해 어떤 일을 할 수 있는가?
  - 진도를 막고 있는 장애물을 해결하기 위한 브레인스토밍 실시
  - 업무수행을 가속화 할 방법에 대해 생각
  - 당신이 하는 업무와 관련해 도움을 받을 수 있는 사람, 반응 테스트의 대상이 될 수 있는 사람은 누구인가?

지금 여러분이 해야 할 가장 중요한 일은 잠시 멈춰 서서 자신의 '취임 후 첫 100일' 계획에서 60일이 되는 시점에 도달하고자 했던 목표 대비 진도 상황을 점검하는 것이다. 여러분은 물론 바쁘게 일했겠지만, 문제는 일을 제대로 하며 바빴는가 하는 것이다.

'취임 후 첫 100일'은 매우 치열한 기간이고, 그 중간 시기는 당신이 새로 맡은 직책의 세부적인 부분까지 파악하느라고 힘든 시기이다. 따라서 이제 여러분의 에너지 상태를 재정비할 때이며, 마지막 질주를 준비해야 할 시점이다.

> '취임 후 첫 100일'의 끝이 시야에 들어오고 있으니 목표를 향해 계속 전진하라

이제 취임한 지 두 달이 지났다. 새로운 외부요인들이 나타나기 시작했을 것이고, 실제 상황은 여러분이 애당초 예상했던 것보다 더 나쁘거나 다르거나 좋을 것이다. 그래도 처음 세운 계획에 계속 집중해야 한다. 사람들이 취임 후 첫 100일의 기간에 능력을 최대한 발휘해 인상적인 결과를 내놓지 못하는 이유는 전략적 우선순위에서 쉽게 이탈하기 때문이다. 이 60일의 시점은 그동안의 진도를 점검하고 자신이 너무 세부적인 것만 챙기거나, 그때그때 급한 불을 끄는 데 집중하는 함정에 빠지지 않았는지 체크하는 중요한 기회가 된다. 그러므로 '취임 후 첫 100일' 계획서를 다시 꺼내 들여다봐야 한다. 이 계획서를 꺼내 본 지 한참 되었다면 특히 더 그렇다.

'취임 후 첫 100일' 계획서를 꺼내서 최소한 두 시간 동안 다음 사항들을 꼼꼼하게 검토하라.

- 자신이 세운 핵심적인 우선과제에 계속 집중하고 있는가?
- 취임 후 첫 100일이 끝나는 시점까지 성취하고 싶은 성과를 위해 지금까지 이루고자 했던 것들을 계획대로 이루었는가? 지금은 어떤 일을 하는 데 시간을 보내고 있는가?
- 만일 지금 원래 계획에 없는 활동을 하는 데 시간을 보내고 있다면, 그 이유가 무엇인지 자문해 본다. 원래 계획을 수정하는 게 옳다면 그렇게 하라. 하지만 그렇지 않다면 당장 본래 계획에서 벗어나서 지금 하는 일을 멈추어야 한다.
- 다음의 60일 체크리스트를 이용해서 지난 30일을 돌아보도록 한다.

60일 체크리스트

1 새 직책과 관련 있는 핵심 이해관계자들을 모두 만났는가?

　취임한 지 두 달이 지난 지금, 그동안 핵심 이해관계자들을 모두 만나보았는지 확인해 볼 때다. 핵심 관계자들을 모두 만나 보지 못한 상태에서 시간이 많이 흘렀다면, 우선 예의가 없는 사람으로 비쳐질 가능성이 높다. 그리고 무엇보다도 새 직책에서 성공하는 법, 그리고 사람들이 당신에게서 기대하는 것이 어떤 것인지와 관련해 알아야 할 정보를 모두 얻지 못할 수가 있다. 그러므로 상황을 점검해 보고, 아직 만나지 못한 이해관계자들이 있다면 지금부터 첫 100일이 끝나는 시점까지 사이에 모두 만나 볼 수 있도록 일정을 잡는다.

2 CEO의 우선순위와 관련해 기대 수준을 맞추고 있는가? 회사의 미션에 대한 감각이 있는가?

CEO의 우선순위가 무엇인지, 그룹의 최고경영진 회의에서 어떤 일이 일어나고 있는지 계속 잘 파악하고 있다면 당신은 훨씬 더 성숙한 리더로 간주될 것이다. 대부분의 기업에서는 CEO 사무실에서 매월 소식지를 발간하거나 블로그를 운영하고 있다. 이것을 읽는 데는 5분도 채 안 걸리지만, 최고경영진 회의에서 어떤 것이 논의되고 있는지 계속 파악할 수 있는 좋은 자료가 된다. 예를 들어, 사회적 책임을 좀 더 강화하는 문제가 논의 될 경우, 당신의 부서 내에서 기업의 사회적 책임 이니셔티브를 도입해야겠다는 아이디어가 떠오를 수 있다. 이렇게 하면 팀원 간 유대도 강화되고, 당신이 이끄는 팀을 최고경영진의 관심사와 연결하는 데도 도움을 얻을 수 있다.

3 올바른 페이스로 가고 있는가?

취임 후 60일의 시점에 도달했다는 것은 당신이 매우 치열한 시기를 겪었다는 것을 의미한다. 너무 피곤하고 중압감을 느끼고 있어서 균형감을 회복하기 위해서는 잠깐 쉬어야 할 것 같은가? 반대로 그렇게 피곤한 느낌이 없다면 그 이유는 무엇인가? '취임 후 첫 100일'의 마지막 단계들을 위해 할 수 있는 노력을 좀 더 강화시킬 여유가 있는가?

지금 당신을 압박하는 사람이 아무도 없다고 하더라도, 첫 100일이 끝나는 시점에 당신이 원하는 결과를 내지 못했을 때는 사람들의 태도가 달라질 것이다. 그때도 아무런 압박을 받지 않고 그대로 넘어갈 수는 없을 것이다. 혹시 당신이 일하는 조직에서는 모두가 취임 후 일 년 동안은 대체로 '무임승차'를 하는 편인가? 만일 회사의 페이스가 느슨하다면, 스피디한 스타트를 함으로써 자신을 다른 사람들과 차별화 해서 앞으로도 계속 고속 승진을 이어갈 발판을 마련할 수도 있을 것이다.

4 실질적인 결과를 가져오는 과정에 있는가?

만일 내가 당신의 사무실 복도에서 당신과 마주친다면, 당신이 지금 가시적인 성과를 달성하는 과정에 있다는 확신을 나에게 줄 수 있는가? 당신은 물론 많은 것을 하고 있겠지만, 그것들이 '취임 후 첫 100일'이 끝나는 시점에서 당신이 자랑스러워할 수 있는 가시적인 성과로 이어질 것이라고 얼마나 확신하고 있는가? 그러니 잠깐 시간을 내서 자문해 보라.

예를 들어 영업실적 몇 퍼센트 성장, 새로 출범시킨 전략적 프로그램의 1단계 완성 등과 같은 실질적 결과를 조만간 내놓게 될 과정에 있는가? 자신의 업무에 대해 가장 엄격한 잣대를 들이대 평가해야 한다. 그리하여 자신의 활동이 아직 가시적인 성과를 내놓을 단계에 있지 않다고 판단되면 앞으로 사람들에게 어떤 가시적인 성과물을 보여줄 수 있을지에 대해 생각해 본다.

5 인사 문제를 얼마나 잘 처리하고 있는가?

당신에게 직접 보고하는 사람들에 대해 어떻게 평가하고 있는가? 일을 잘 하고 열의도 강한 사람들인가, 아니면 당신이 바라는 수준에 한참 못 미치는 사람들인가? 직접 보고 팀의 업무수행을 개선하기 위한 실행계획이 있는가? 팀에 참신한 인재를 데려오기 위한 외부채용 계획이 있다고 하더라도, 현재 데리고 있는 사람들을 최대한 활용하기 위해 어떤 계획을 추진할 것인가?

6 필요한 예산과 자원을 확보하고 있는가?

'취임 후 첫 100일'의 목표뿐 아니라, 첫 12개월의 우선과제와 2개년 비전을 달성하기 위한 중점 사안을 추진하는 데 필요한 예산과 자원은 확보했는가?

7 지금까지 얼마나 많은 실수를 했는가?

자신이 지금까지 한 실수를 최소한 다섯 가지 열거하지 못한다면 당신은 자신에 대해 제대로 알지 못하는 것이다. 자신이 어떤 실수를 했는지 스스로 생각이 나지 않으면, 다른 사람들의 의견을 들어 보도록 하고, 그렇게 해서 어떻게 하면 그런 실수를 바로잡을 수 있는지에 대해서도 사람들의 의견을 듣는다. 그래야 자신의 약점을 최소화할 수 있다.

8 건강과 에너지 상태를 잘 챙기고 있는가?

'취임 후 첫 100일'의 준비에 관한 제1장에서 취임 전 준비에 관해 다룬 내용을 기억하는가? 에너지관리 체계에 대해 언급한 부분을 다시 찾아보고, 향후 30~40일의 마지막 질주를 위한 고(高)에너지 유지·회복에 필요한 조치를 취하라.

9 자신의 직책과 관련해 새로운 통찰을 했는가?

새 직책을 맡은 지 60일이 지났다. 당신은 이제 이 직책과 주요 관계자들, 시장, 그리고 현실적으로 달성 가능한 것에 대해 보다 많은 정보와 경험을 갖고 있다. 이 60일 시점은 한 걸음 뒤로 물러서서 도약을 위한 행동과 전략적 혁신에 관한 새로운 통찰을 하기에 좋은 시점이다.

10 당신의 상사와는 서로 같은 편인가?

달성해야 할 목표가 무엇인지, 그리고 그것을 어떻게 달성해야 할지에 대해 당신과 상사가 같은 생각을 갖고 있는 것이 바람직하다. 비록 접근 방법에서는 서로 입장이 다를지라도 최소한 달성해야 할 목표의 방향에 대해서는 같은 생각을 갖고 있어야 한다.

당신의 상사가 당신을 이 자리에 임명하는 결정을 내린 사람이라면 당신의 일차적 옹호자이기 때문에, '취임 후 첫 100일' 동안 상사와 정기적으로 만나서 서로의 입장을 확인하는 것이 중요하다. 상사의 성공과 당신의 성공은 서로 불가분하게 얽혀 있다. 그러므로 당신과 상사가 서로 단합이 잘되면 잘될수록 당신에게 더 좋고, 당신의 '취임 후 첫 100일'이 성공하는 데 유리하다.

첫 100일 고객의 사례 연구

은행에서 프리미엄 서비스 영업담당 글로벌 책임자로 새로 임명된 A씨의 사례

리더십이란 정확하게 어떤 것인지 다시 상기해 보자

A씨가 새 자리에 취임한 지 두 달이 지났다. 그는 자신이 많은 진전을 이뤘다고 느꼈으며, 자기가 맡은 역할을 현실적으로 잘하고 있다고 생각했다. 사실은 자신이 예상한 것과 똑같지는 않았고 더 어려웠지만, 그동안 노력을 기울인 몇 가지 일들, 즉 핵심 이해관계자들을 관리하고, 팀을 조직하는 문제, 보다 많은 사람들과 소통하는 문제 등에서 결실을 맺기 시작하고 있었다. 그리고 가장 중요한 점은 자리를 잡기 시작했고, 도전 과제들을 잘 파악하고 있다는 생각이 들어 자신감이 커지고 있었다는 것이다.

나중에 돌이켜보니 A는 지나치게 의기양양한 기분으로 60일 시점에 상담 코치와 만났던 것 같다. 코치는 A씨에게 리더십이 정확하게 어떤 것인지 다시 상기시켜 주면서, 기본적인 자세를 잊지 말라고 다시 강조했다.

코치의 다섯 번째 상담 메모

'리더십'이라는 말은 '부모'라는 말처럼 많이 남용되고 오해되는 용어라는 사실을 기억해야 한다. 예를 들어 단순히 아이를 낳는 것만으로 '부모'가 될 수 있지만, 이것이 좋은 부모가 되었다는 것을 의미하는 것은 아니다. 그리고 모든 준비가 다 되었고 더

이상 배울 것이 없다는 의미도 아니다. 리더의 자리에 있는 사람은 모두 자신이 '리더'라고 생각하지만, 나는 지금까지 내가 기대하는 수준을 충족하는 진짜 리더를 만난 적이 없다. 권한을 가진 직위에 있고 직무를 해내고 있다는 이유만으로 훌륭한 리더가 되는 것은 아니다.

훌륭한 리더는 다음과 같은 것들을 꾸준히 할 수 있는 사람이다.
- 명확한 방향을 제시한다.
- 사람들을 함께 데려간다.
- 올바른 결과를 얻는다.

여기서 '명확한 방향을 정한다'는 무슨 의미인가?

여러분이 책임진 조직에 있는 모든 사람이 회사의 비전과 비즈니스 전략, 자신의 역할 및 기여할 분야와 관련해 취할 첫 번째 조치와 그 다음 이어서 취할 조치들을 알고 있는가? (이것들이 제대로 정해져 있기는 한가?)

'사람들을 함께 데려간다'는 무슨 의미인가?

사람들이 여러분을 따르는 것은 일자리를 잃을까 봐 두려워서 어쩔 수 없이 그러는 것인가? 독립적인 생각이나 도전의식이 전혀 없이 순한 양처럼 그냥 따르는 것인가? 아니면 여러분이 올바른 방향으로 이끌어 줄 것이라는 깊은 신뢰와 존경이 있기 때문인가?

'올바른 결과를 얻는다' 는 무슨 의미인가?

여러분이 정한 방향이 옳았는지, 사람들이 여러분을 따른 것이 옳은 행동이었는지. 이런 의문에 대한 답은 여러분이 올바른 결과를 얻어내는 것을 보아야 비로소 분명하게 알 수 있다. 어떤 길을 택하고, 이 길을 따라오라고 다른 사람들을 설득했다고 하더라도, 모든 사람이 잘못된 곳에 도착하고, 잘못된 결과가 나온다면 아무 소용이 없다.

A씨는 코치의 메모를 주머니에 집어넣으며 상담실을 나올 때 코치가 한 마지막 말을 기억했다.

'훌륭한 리더가 된다는 것은 끊임없는 헌신이고 여정이다. 그것은 끝이 없는 여정이다.'

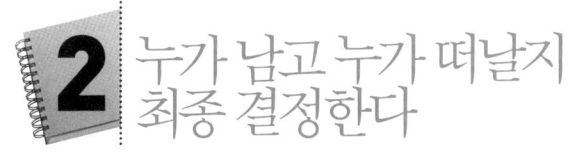
2 누가 남고 누가 떠날지 최종 결정한다

이제 여러분은 팀원들이 업무수행을 어떻게 하는지 두 달간 경험했다. '취임 후 첫 100일' 계획의 '팀 구축' 부분에서 당신은 이미 팀 구조를 개편하고, 팀원들의 역할과 책임을 새로 정했을지 모르며, 몇몇 사람을 이미 인사 이동시키고 참신한 새 인재를 영입했을지도 모른다.

그렇지만 취임 후 첫 60일이 순식간에 지나가 버렸을 수 있고, 그러다 보니 이런 어려운 인사결정을 아직 내리지 못했을 수도 있다. 아니면 일부 결정은 내렸지만 필요한 결정을 아직 다 내리지는 못했을 수도 있을 것이다.

목표 달성을 위해 더 이상 꾸물거릴 수 없다는 사실을 감안하면, 누가 남고 누가 떠나야 할지에 대한 최종 결정을 이제는 내려야 한다.

> 이제 누가 남고 누가 떠나야할지 결정할 때

여러분이 설정한 역할 미션과 향후 2년간 성취하고 싶은 목표를 다시 떠올리며 이를 위해 업무에 가속 페달을 밟는 것이 대단히 중요하다는 점을 생각해 보라. 그러기 위해서는 무엇보다도 구성원들 모두가 올바른 방향으로 노를 젓는 팀, 즉 팀원 모두가 조직에 충분히 기여하는 팀을 갖추고 있어야 한다.

이것을 염두에 두고 여러분이 이끄는 팀, 특히 여러분에게 직접 보고하는 팀원들에 대해 다시 생각해 보라. 그들의 능력과 경험, 가치를 창출하는 역량, 그리고 잠재적 능력에 대해 생각해 본다.

팀원 중에 순(純)기여를 하지 못하고 있는 사람이 누군지 알겠는가?

즉 자신이 기여하고 있는 것보다 소비하는 게 더 많은 사람, 아무리 기능교육을 시키고 투자를 해도 업무수행능력이 뛰어난 팀원에게 요구할 수 있는 높은 기여를 현실적으로 기대하기 어려운 사람은 누구인가?

사람을 내치는 것은 누구도 좋아하는 일이 아니지만, 그렇다고 이를 피하는 것도 도움이 되지 않는다. 이 문제를 피하면 당신은 주위 사람들의 눈에 나약한 사람으로 보일 것이며, 이는 팀원들 전체의 동기부여에 부정적인 영향을 미칠 수 있다. 따라서 당신은 결국 이 어려운 결정을 내릴 수밖에 없고, 어차피 내려야 한다면 일찍 하는 게 낫다.

나는 자신이 냉철한 비즈니스 마인드를 가진 리더라고 생각하는 사람들을 많이 겪어 봤는데, 이들도 어려운 인사결정에는 결단을 내리지 못하고 머뭇거리는 경우가 많았다. 그래서 순(純)기여자가 아니면서도 '취임 후 첫 100일' 기간뿐 아니라 일 년 후에도 여전히 같은 자리에 붙어 있는 경우를 흔히 볼 수 있었다.

누가 남고 누가 떠나야할지 속히 결정을 내리는 것은 여러분 자신에게 유익할 뿐 아니라 인사 당사자에게도 좋은 일이라는 점을 명심하라.

 # 리더십 '승수효과' 활용

여러분은 이제 새 직책에서 2개월간 실적을 쌓았고, 사람들은 여러분이 무엇을 하고, 무엇을 말하는지 지켜보고 관심을 기울일 것이다. 추종자들은 의식적으로 무의식적으로 리더의 행동을 반영하고 따라한다. 그러므로 지금이 바로 이른바 리더십 '승수효과 multiplier effect'라고 하는 것을 실제로 활용할 수 있는 때이다. 이것을 통해 다른 사람들에게 긍정적 행동이나 긍정적 감정의 파급효과를 만들어낼 수 있으며, 이 모든 것은 팀원들과 당신 주변 사람들의 사기와 동기부여, 그리고 업무수행을 향상시키게 될 것이다.

리더에게는 추종자들이 있게 마련이다. 그러므로 만일 여러분 밑에서 일하는 사람들이 모두 의식적으로, 그리고 무의식적으로 여러분의 리드를 따라올 경우, 그들 밑에서 일하는 사람들 또한 그들의 리드를 따라갈 것이고, 이런 식으로 이어지는 폭포효과 cascading effect는 변화를 가져오는 매우 강력한 메커니즘이 된다. 그리고 이것을 제일 먼저 작동시키는 사람은 바로 여러분이다! 이 승수효과를 잘 운용하고, 이것이 여러분에게 도움이 되도록 만들어라.

팀의 리더인 여러분이 만들어내는 승수효과는 긍정적인 것이 될 수도 있고 부정적인 것이 될 수도 있다. 여러분은 자연스럽게 자신의 긍정적인 행동들을 사람들에게 보여준다. 하지만 여러분이 하는 부정적인 행동들은 어떻게 할 것인가? 왜냐하면 여러분이 보이는 부정적인 특성 또한 복제·확대되는 폭포효과를 가져오면서 문제를 야기하기 때문이다.

그러므로 여러분은 리더로서 자신이 보이는 부정적인 행동들을 변화시키기 위해 노력해야 한다.

'취임 후 첫 100일' 계획의 실행에 영향을 미치고 있는 자신의 가장 나쁜 행동이 무엇인지 파악하고, 그것을 변화시키겠다는 결심을 하도록 하라.

예를 들어, 그런 나쁜 행동 가운데 하나가 팀의 사기에 관심을 기울이지 않는 것이라고 하자. 이런 경우, 자신이 그동안 이 부분을 무시했다는 점을 과감하게 인정하고, 앞으로는 좀 더 이 문제에 신경을 쓰고, 팀의 사기 향상을 위해 팀원들의 아이디어들을 잘 경청하겠다고 팀원들에게 공개적으로 알려라.

여러분이 자신이 가진 약점을 인정하고, 이를 변화시키기 위해 노력할 경우, 이런 노력은 여러분 주변의 모든 사람들에게 영향을 미쳐 승수효과를 가져오게 된다. 리더는 자신의 자질과 성격, 무엇을 판단하는 기준, 행동, 도덕적인 규범 등 자신과 관련된 모든 부분을 철저히 반성하고 잘못된 것을 바로잡을 용기를 가져야 한다.

> 팀을 '수프'에 비유하면 가장 강한 맛을 내는 사람은 당신이다

이 문제를 우리가 앞서 언급했던 '감성지능' 부분과 연결해서 생각해 보고, 이른바 '긍정적인 공명' positive resonance 을 만들어내는 것에 대해 생각해 보라. 긍정적인 공명이란 자신의 행동이 팀원들 사이에 긍정적인 감정이 생기도록 의도적으로 유도하는 것을 말한다.

여러분은 리더로서 팀이라는 '수프'에서 가장 강한 맛을 내는 양념 같은 존재이며, 어떤 맛으로 할 것인지, 그리고 그 맛을 어느 정도 강하게

할 것인지도 여러분이 결정할 수 있다. 예를 들어 여러분과 팀원들이 최근 시장에서 성공을 거두었을 경우, 이 성공에 따른 만족감과 언론 보도를 직원들의 사기와 동기부여가 최대한 오래 유지되도록 하는 데 이용할 수 있을 것이다.

사람은 누구나 자신이 뭔가 중요하고 신나는 일에 기여했다고 느끼고 싶어 한다. 자신이 성공하는 팀의 일원이라고 느낄 때 일을 향한 열의가 크게 증대하는 법이다. 그러므로 초기의 성공을 같이 축하하고 팀의 모든 일원이 축하받는 대상이 되도록 팀원들 모두에게 공이 돌아가도록 분위기를 만들어야 한다.

'취임 후 첫 100일' 계획 수정 손질하기

> **'취임 후 첫 100일' 계획 수정 손질하기**
>
> <u>60일</u>
>
>   지난 60일간의 경험과 다음 사항을 토대로 계획서의 '원하는 성과'를 점검하고, 향후 30일의 방향을 재설정한다
> - 계획 대비 진도 점검
>
>
>
> - 60일 체크리스트를 이용해 점검
>
>
>
> - '누가 남고 누가 떠나야 할지에 관한 최종 결정' 분석
>
>
>
> - '자신의 리더십 승수효과를 활용하는 법'과 관련해 새로운 아이디어를 생각한다

5 향후 30일의 결정적인 성공요인: D60~D90

다음은 여러분이 향후 30일 동안 고려해야 할 사항들을 정리한 것이다.

초점을 새로 맞추고 다시 질주하라

이제 힘든 일은 모두 끝났다고 생각한다면 그것은 오산이다! 앞으로 30일이 진짜 중요하기 때문이다. 이번 한 달은 '추가적 에너지 투입 = 기하급수적 에너지 출력'으로 표현될 수 있다. 즉 이번 한 달 동안 여러분이 에너지를 더 쓰면 쓸수록 더 많은 보상을 얻게 될 것이라는 뜻이다. 여러분은 지금 특별한 변화가 일어나기 직전 단계인 티핑 포인트**tipping point**에 와 있다. 다시 말해, 이제 회사에 대한 기본적인 정보와 경험을 충분히 확보했기 때문에 향후 30일간 조금만 더 노력하면 매우 좋은 결과를 얻을 수 있다는 말이다. 그러니 이제는 목표를 향해 질주하라!

팀이 여러분을 위해 일하도록 만들어라

앞으로 30일 동안, 여러분의 팀은 열심히 일해서 여러분을 잘 도와야 한다. 여러분의 팀이 팀원 개개인 별로, 그리고 팀 전체로서 효과적으로 일하도록 만들어라. 아마 여러분의 팀도 자신들의 '첫 100일' 계획이 필요할 것이다. 팀원들이 향후 100일 동안 이루기 원하는 성과에 초점을 맞춘 계획을 수립하는 데 당신이나 '퍼스트 100' 코치가 도움을 줄 수 있을 것이다. 이것은 서로 미션을 공유하고, 팀의 유대관계와 집중력을 강화하는 기회가 된다.

사람들과의 유대를 강화하라

지난 60일간, 여러분과 사람들 간의 상호작용은 아마도 단순히 '사람들을 만나고 인사하는 것'이 대부분이었을 것이다. 그저 표면적인 소개와 표면적인 상호작용이라고 할 수 있다. 이제는 좀 더 심층적으로, 자신의 업무와 관련한 인간관계의 깊이를 더하도록 만들어야 한다. 주변에 있는 사람들과 보다 심층적인 유대관계를 맺기 위해 의도적으로 노력하라. 즉 자신의 속내를 더 많이 드러내고, 더 많이 경청하며, 시간을 더 많이 투자해서 관계를 한 단계 격상시켜라.

내가 여기서 말하고자 하는 것은 여러분이 자신이 아닌 다른 사람이 되라거나 모든 사람의 친구가 되어야 한다는 뜻이 아니다. 내가 말하고자 하는 뜻은 여러분이 업무와 관련한 인간관계를 한 단계 격상시키는 자신만의 방식을 찾아내라는 것이다. 그렇게 하면 조직과 좀 더 긴밀한 유대감을 느끼게 될 것이며, 업무 성취도도 증대할 것이다. 그리고 만일 여러분이 외부에서 스카우트 된 사람이라면, 조직 내에서 느끼는 소외감이나 신참자 같은 느낌이 크게 줄어들기 시작할 것이다.

'그래, 넌 잘하고 있어'라고 말하며 스스로를 안심시켜라

이렇게 혼잣말을 해보라고 하면 이상하게 들리는가? 그런데 내 경험에 비춰보면, '취임 후 첫 100일' 동안 심한 불안감을 느끼는 리더들이 많고, 이때 누군가가 나서서 심리적으로 안심시켜 줄 필요가 있지만 다들 다른 사람에게 그런 부탁을 하지 않고 혼자서 끙끙 앓는다. 그럴 경우, 그리고 다른 사람들이 자발적으로 나서서 안심시키는 말을 해주지 않을 경우에는 그런 불안감이 좋지 않은 방식으로 표출될 수 있다. 지나치게 오만함을 보이거나 자화자찬을 한다든지 하는 식의 행동으로 나타날 수도 있다.

이런 사람이 되어서는 안 된다. 이럴 땐 게임의 방법을 바꿔라. 자신이 잘하고 있으며, 진전을 이루고 있다고 안심시켜 줄 방법을 찾아내는 것이다. 그러면 다른 사람들이 긍정적으로 말해주는 것에 계속 신경을 쓸 필요가 없고, 자신의 잘하고 있는지에 대한 이야기가 나올 때 불안한 마음을 갖고 마음속으로 물음표를 달지 않아도 될 것이다!

자신이 이룬 진전과 그동안 얻은 교훈을 기록하라

이 중간 시기에 진짜 중요한 진전이 이루어지는 경우가 많다. 따라서 그런 진전 상황과 자신이 얻은 교훈, 그리고 핵심적 통찰 내용을 문서로 기록하는 것이 좋다. 나는 '취임 후 첫 100일'이 끝날 때 '취임 후 첫 100일'의 성과에 대한 기록을 상사와 이해관계자들에게 공식 제출하라고 권한다. 지금 이 시점에서 메모를 하라고 하는 이유는 여러분이 그동안 얼마나 많이 배웠는지, 그리고 마지막 10일간 이뤄진 진전만이 아니라, '첫 100일'의 전체 여정이 100일 시점에 어떻게 반영되는지 알게 되면 스스로 크게 놀라게 될 것이기 때문이다.

Part 03

마지막단계

심리학자들에 따르면 사람들이 의식하건 하지 않건 뭔가를 끝내는 것은 언제나 심리적으로 고통스러운 일이라고 한다. 도가(道家)에서는 모든 끝은 새로운 시작이라고 현명하게 말한다. 나는 여러분이 '취임 후 첫 100일'의 마지막 국면에 들어섰을 때 긍정적 결말을 즐기면서 '제2막'(Second Act)을 준비할 필요가 있다고 말하고 싶다.(이 부분은 나중에 좀 더 자세히 다루겠다) 여러분은 이제 사람들이 여러분에 대한 평가를 할 수 있을 만큼 충분히 오래 새 직책에 있었기 때문에 사람들이 자신에 대해 어떤 평가를 하는지 체크해 보고, 자신의 '취임 후 첫 100일' 리더십이 어떤 임팩트를 가져다주었는지에 대한 반성을 해 볼 시간이다. 지금까지의 경험을 되돌아보고 교훈을 얻어내야 한다. 잘한 것은 축하하고, 놓친 기회는 아쉬워하라. 그리고 마무리해라.

긍정적 결말을
즐겨라!

다음의 두 장에서는 '취임 후 첫 100일' 기간의 마지막 단계에 여러분이 취할 수 있는 접근방법과 핵심 조치들을 소개한다. 그리고 전혀 다른 새로운 단계인 취임 후 첫 12개월의 나머지 기간을 어떻게 시작해야 하는지에 대해 다루기로 한다.

90일

1 계획 대비 진도 점검
2 마지막 10일간 '해야 할 일' 리스트 작성
3 피드백 요청
4 스스로를 돌아보는 시간 갖기
5 마지막 10일의 결정적 성공요인: D90~D100

마무리

1 '취임 후 첫 100일' 계획의 마감
2 성과를 기록하고 그동안 얻은 교훈 정리하기
3 '첫 100일'의 성공을 이해관계자들에게 알리기
4 팀원들과 함께 축하하기
5 '제2막'에 대해 생각하기

Chapter 6
90일

1 계획 대비 진도 점검
2 마지막 10일간 '해야 할 일' 리스트 작성
3 피드백 요청
4 스스로를 돌아보는 시간 갖기
5 마지막 10일의 결정적인 성공요인: D90~D100

계획 대비 진도 점검

계획 대비 진도 점검

90일

1 '첫 100일' 계획서의 '원하는 성과' 검토

2 위의 성과를 달성하기 위한 과정이 순조롭게 진행되고 있는가?

3 취임 후 90일 시점에 도달하고자 했던 곳에 와 있는가?

4 계획에서 잘되고 있는 부분과 잘되지 않고 있는 부분 점검 10일밖에 남지 않았는데…이제 어떻게 해야 하나?

'취임 후 첫 100일' 계획서를 꺼내서 최소한 두 시간 동안 다음 사항들을 꼼꼼하게 검토하라.

- 자신이 세운 핵심적인 우선과제에 집중하고 있는가?
- 취임 후 첫 100일이 끝나는 시점까지 성취하고 싶은 성과를 위해 지금까지 하려고 했던 일들을 실행에 옮겼는가? 지금 어떤 일을 하는 데 시간을 보내고 있는가?
- 만일 지금 원래 계획에 없는 활동을 하는 데 시간을 보내고 있다면, 그 이유가 무엇인지 자문해 보라. 필요하다면 원래 계획을 수정하고, 그런 게 아니라면 그 활동을 멈추어야 한다.
- 다음에 소개하는 90일 체크리스트를 이용해서 지난 30일뿐 아니라 지난 90일 전체를 되돌아본다.

이제 여러분의 '취임 후 첫 100일' 계획을 성공적으로 마감할 수 있는 시점까지 딱 10일이 남았다.

- '원하는 성과'를 어느 정도, 아니면 모두 이루었는가? 아니면 전혀 이루지 못했는가?
- 특정한 활동 국면을 마무리해서 성과를 과시하고, '취임 후 첫 100일'의 성과로 내세울 만한 일을 만들기 위해서 앞으로 2주 동안 어떤 일을 할 수 있는가?

90일 체크리스트

1 자신이 이루고자 했던 모든 것을 이루었는가?

'첫 100일'이 시작되는 시점에 당신은 극복해야 할 여러 난제와 달성하고 싶은 몇 가지 성과를 갖고 있었다. 목표를 향한 당신의 열망과 노력에 비해 지난 90일간 당신이 실제로 거둔 결과물은 어떤가? 당신이 아무리 어려운 이행과정을 거쳤다고 해도 지난 3개월간 몇 가지 진전은 이루었을 테니 자신이 거둔 모든 긍정적 성과에 감사하고 기록하는 시간을 가져라.

2 취임 후 첫 일 년이 될 때까지 남은 기간을 위한 토대를 쌓았는가?

취임 초기에 스타트를 가속시키는 가장 중요한 이유는 취임 후 첫 일 년, 그리고 그 이후 기간을 위한 올바른 토대를 쌓기 위해서이다. 당신은 이것을 이루기 위해 자신이 할 수 있는 모든 것을 다했다고 만족하는가? 그리고 이런 토대를 확실히 다지기 위해 당신이 앞으로 남은 10일간 어떤 일을 할 수 있는가? '시작이 반'이라는 말이 있듯이, 당신이 그동안 전략적으로 잘 해 왔다면, '첫 100일' 동안 쌓은 토대가 '취임 후 첫 일 년'의 성공 가속화를 가능하게 해줄 것이다.

3 이해관계자들이 당신의 업무수행에 만족하는가?

이 초기 단계에서 상사, 동료, 직접 보고하는 팀, 넓은 의미의 모든 팀원들, 핵심 고객들을 포함해 당신을 둘러싼 사람들이 당신을 어떻게 평가하는지 알고 있는가? 남은 10일은 이에 대해 공식·비공식 피드백을 수집할 수 있는 기회이다. 사람들은 당신이 그런 평가에 대해 피드백을 요청할 정도로 자신에게 마음을 열면 매우 큰 감명을 받을 것이다. 또한 당신이 이 자리에 있은 지 아직 3개월밖에 안됐다는 사실을 상기하고 당신이 이룬 모든 긍정적 성과에 대해 칭찬하고 감사하는 한편, 진전을 이루지 못한 부분이나 초기의 실수, 조직문화 부적응으로 인한 잘못 등에 대해 기꺼이 '이해하고 용서하는' 마음을 가지게 될 것이다.

4 팀원들이 당신을 존경하는가?

팀원들이 당신을 좋아하고 또 존경한다면 그들을 더 열심히 일하도록 만드는 것이 더 빠르고 더 쉬울 것이다. 이것은 대단히 중요한 요소다. 팀원들은 당신이 새로운 리더로서 가치를 창출하고 있다고 믿을 경우, 그리고 당신의 리더십 밑에서 업무실적이 좋아지고 있다는 것을 보면 당신을 존경하게 될 것이다. 팀원들이 나를 존경할까 하는 물음에 대해 당신 스스로 대답을 주기는 어려울지 모르지만, 다음과 같은 질문에 대한 자신의 태도를 점검해 보라.

당신은 '새로 온 사람'으로서 강한 리더가 되는 일에 초점을 맞추고 (당신 주변의 사람들에게 영향을 미치는 어려운 결정이라고 하더라도) 올바른 일을 하는 데 집중해야 하는 시기를 보냈다. 그런데 그 기간 동안 업무를 올바로 하는 데 집중하는 대신 사람들이 자신을 좋아하게 만드는 일에 지나치게 많은 노력을 쏟고 있지는 않은가?

5 당신의 존재가 시장에 알려졌는가?

'취임 후 첫 100일'이 시작되는 시점에 당신의 직책이 지니는 중요성과 당신이 이제 그 직책을 맡았다는 사실을 시장에 알리는 공식적인 발표가 있었는가? 이제 당신이 '취임 후 첫 100일' 동안 어떤 성과를 거두었는지 알리는 보도자료를 준비해야 할 때다. 여기서 더욱 중요한 것은, 고객들에게 이득을 가져다주고 업계의 역학관계에 임팩트를 가져왔는지 여부와 관련해 '당신의 존재가 시장에 알려졌는가?' 하는 것이다.

6 당신이 지금까지 빨리 이룬 질적·양적 성과를 열거할 수 있는가?

'취임 후 첫 100일' 기간이 시작된 이래 이뤄낸 핵심 성과는 어떤 것인가? 여기엔 전략적으로 매우 중요했던 인재 채용 건에서부터 물질적 성과의 조기 달성, 고객유지율 개선 등에 이르기까지 여러 가지가 있을 수 있다. 당신이 이룬 모든 성공은 중요하다. 그동안 거둔 실적을 지금 단계에서 열거하기 시작하면 스스로 크게 안심이 될 것이다. 다음 장에서는 당신이 거둔 실적을 정리할 수 있는 양식을 제시할 텐데, 나중에 '첫 100일'이 끝나는 시점에 상사와 핵심 이해관계자들에게 제시할 목적으로 정리하면 된다.

7 자신의 업무수행을 어떻게 평가하겠는가?

다른 사람들에게 자신을 잘 보이게 하는 문제는 잠시 젖혀두고 솔직한 자기반성의 시간을 갖도록 하라. 지난 90일간 자신의 업무수행이 어땠다고 평가하겠는가? 궁극적으로, 당신이 지금까지 이 새 직책에 들인 노력과 지금까지 이룩한 실질적 진전을 제대로 평가할 수 있는 사람은 당신 자신뿐이다. 당신이 지금까지 잘한 것은 무엇이고 잘하지 못한 것은 또 무엇인가? 만일 자신이 이룬 훌륭한 성과를 모두 열거하는 만큼 쉽게 자신이 실수했던 부분들을 모두 열거하지 못한다면 당신은 아직 성숙하고 자신감 있는 리더가 아니다.

8 상사는 당신의 업무수행을 어떻게 평가하는가?

당신의 업무수행에 대한 평가와 관련해 상사가 어떤 신호(긍정적인 신호건 부정적인 신호건)를 당신이나 다른 사람들에게 보내고 있는가? 상사가 당신을 얼마나 지원해 주고 있나? 남은 10일의 기간 동안 당신이 상사에게 마지막으로 더 요청해야 할 사항이 있는가?

9 지금까지의 경험에서 어떤 것을 배웠는가?

잠시 시간을 내서 자신과 자신의 역할, 그리고 자신의 조직과 시장에 대해 어떤 것을 배웠는지 생각해 보라. '취임 후 첫 100일'이 시작된 시점에는 알지 못했지만 지금은 알게 된 것이 있는가? 그동안 빨리 달리느라고 자신을 되돌아볼 시간이 없었다면, 남은 10일 동안 그런 시간을 가져야 한다. 지난 90일간 정신

없이 바쁘게 일했다면 마지막 10일의 기간에는 생산적 반성을 하는 여유를 갖도록 해라. 그러면 '첫 100일'이 끝나는 시점까지 보다 많은 진전을 이룰 수 있을 것이다.

10 즐거운 시간을 갖고 있는가?

새로운 직책은 야망이 큰 사람의 커리어에 중대한 이정표가 될 수 있다. 그렇지만 너무 일만 하고 즐기지 않는 것은 일과 삶에 대해 지나치게 심각한 접근법을 취하는 것이다. 사람들은 너무 심각하거나 너무 재미없는 사람을 위해 일하고 싶어 하지 않는다! '취임 후 첫 100일'의 종료를 축하하는 행사를 계획하라. 팀원들과 함께 '첫 100일'의 성공적 마무리를 축하하고 팀원들의 환영에 감사하며 지금까지의 노고를 치하하는 자리를 만들면 좋을 것이다.

2 마지막 10일간 '해야 할 일' 리스트 작성

앞서 제2장에서 언급했듯이, '계획' plan과 '해야 할 일' to do의 리스트 사이에는 상당한 차이가 있다. 지난 90일 동안은 계속 '계획'에 관한 것이었지만, 90일 시점부터는 집중력을 강화할 필요가 있다. '취임 후 첫 100일' 계획을 염두에 두면서 마지막 10일 동안 매우 집중해야 할 모든 사항을 담은 '해야 할 일' 리스트를 작성함으로써 '첫 100일'의 여정이 성공적으로 마무리되도록 하는 것이다.

> 남은 10일간 가장 시급하고 중요한 우선순위는 무엇인가?

'취임 후 첫 100일' 계획서에 썼던 '원하는 성과'를 염두에 두면서 남은 10일의 시간을 어디에 집중시키는 것이 가장 좋을지 생각해본다. 여러분은 그 계획서에 다음 사항들과 관련해 '원하는 성과'를 작성했다.

- 성공적 이행
- 독특한 기여
- 콘텐츠 학습
- 비즈니스 성취
- 팀 구축
- 커뮤니케이션 제공
- 관계 구축
- 부가적 가치창출

- 문화적 적응
- 마켓 플레이어

만일 위의 10개 사항을 모두 고려하는 것이 너무 부담스러우면, 이 10개 부문의 '원하는 성과' 중에서 핵심적인 한두 개에 집중하는 현실적인 방식을 택해라. 그리고 '첫 100일'이 끝나는 시점까지 완료할 수 있는 과제의 리스트를 작성하는데, 이때 누가 여러분을 도와줄 수 있는가 하는 점을 고려하도록 한다.

3 피드백 요청

　　피드백의 문제에 관해 솔직히 말하자면, 피드백을 진짜로 주고 싶어 하는 사람도 없고, 피드백을 진짜로 받고 싶어 하는 사람도 아무도 없다는 말이 있다. 그렇지만 우리는 '퍼스트 100' 상담에서 언제나 '아는 편이 낫다'고 말한다. '취임 후 첫 100일'의 맥락에서는 확실히 나중에 아는 것보다 일찍 아는 편이 더 낫다. 리더십 스타일에 문제가 있거나 조직문화를 모르는 데서 오는 무의식적인 실수가 있어서 이해관계자들과의 관계 구축이나 업무수행 가속화에 지장을 주고 있다면 더욱 그럴 것이다.

> '너무 잘하고 있다'는 칭찬은 피드백이 아니며, 사실이 아닐 수도 있다!

　　여러분이 누군가의 상사가 되는 순간 여러분 주변에서 어떤 일이 일어나고 있는지에 대해 솔직한 말을 듣기가 힘들어진다는 사실을 명심하라. 사람들은 보통 상사를 기쁘게 하고 싶어 하고 좋은 소식만 전하고 싶어 한다. 이것은 대개 상사가 나쁜 소식을 들었을 때 화를 내는 반응을 보이기 때문이다. 심지어 나쁜 소식을 전한 사람이 분노의 대상이 되기도 한다. 그러므로 자신이 상사로서 나쁜 소식에 어떤 반응을 보이는지 조심하라. 잘못 반응하면 앞으로 나쁜 소식은 영영 못 듣게 될 테니까!

　　'취임 후 첫 100일'의 기간에는 여러분이 정보 수집을 위해 더 캐묻지 않는 이상 여러분의 상사에게서 오는 피드백은 '잘하고 있으니 앞으로도 계속 잘해라'는 식의 표면적인 차원에 머무르기 쉽다. 이런 말은 사람들이 깊이 생각해 보지 않고 그냥 던지는 말이기 때문에, 진짜 피드백이라기보다는 격려하는 말이라고 생각해야 한다. 사실 건강한 피드백을 주는 문화가 있는 기업이 드물기 때문에, 상사가 여러분에게 유용한 피드백을 주는 것을 꺼리거나 그럴 능력이 없는 경우가 많을 것이다. 게다가 여러분의 상사는 당신을 고용한 사람으로서 여러분의 성공 여부에 개인적 이해관계가 많이 걸려 있고, 이로 인해 지금 단계에서 여러분의 약점을 보려 하기보다는 긍정적인 점만 보려고 하는 측면이 있을 수 있다. 여러분의 상사가 여러분을 고용한 결정을 자신의 상사에게 정당화하고 싶어 하는 경향이 있다는 사실을 알아야 한다. 그러므로 이런 역학관계를 받아들이고 당신의 '첫 100일'에 대한 진짜 피드백을 얻는 다른 방법을 찾는 것이 보다 성숙되고 현실적인 방법일 것이다.

진짜 피드백을 얻으려면 매우 적극적인 노력을 해야 한다. 사람들에게 물어볼 때, 자신을 안심시켜 줄 말을 듣고 싶어 한다는 느낌을 사람들에게 주면 안 된다. 당신이 진심으로 솔직한 피드백을 얻고 싶어 한다는 사실을 드러내는 방식으로 질문해야 한다.

- ('360도 업무수행평가' 양식 등을 이용해서) 피드백을 공식적으로 요청해라.
- 피드백을 비공식적으로 요청해라. 여러분에게 진실을 말해줄 것 같은 사람에게 요청한다. 그가 무슨 얘기를 해도 괜찮다는 것을, 그리고 나쁜 소식을 전한 사람에게 화풀이하는 일이 없을 것이라는 점을 알게 한다.
- 두 명 이상의 사람이 같은 얘기를 하는지 확인한다. 메시지에 일관성

이 있다면 아마도 그 말은 진실일 것이다 (혹은 사람들이 그렇게 믿고 있을 것이다).

- 누군가 여러분에게 피드백을 주면, 그가 말하는 내용에 동의하는지 여부와 상관없이 항상 '고맙다'고 말해라. 그리고 (감당할 수 있다면!) 좀 더 말해줄 수 있냐고 말해라. 방어적인 태도를 취하는 대신, (호기심을 갖고) 탐구하는 태도로 그 사람이 진짜 전하고자 하는 내용이 무엇인지 알아내라. 솔직한 피드백을 선물처럼 여기고 자신이 들은 내용이 마음에 들지 않아도 개인적인 속마음을 드러내지 말아야 한다. 피드백은 당신의 리더십 행동이나 기술에 대한 것이고, 여러분은 이것들을 고칠 수 있다.

- 촉각을 곤두세우고 경청함으로써 사람들이 진짜 말하고 있는 것이 무엇인지 알아들어라. 예를 들어, 사람들이 '겉으로' 말하고 있는 것은 무엇이고 '표면 밑에서' 진짜로 의미하고 있는 것은 무엇인가? 진심은 말보다 행동을 통해 더 잘 드러나기 때문에, 사람들이 말하는 내용은 무시하고 대신 어떤 행동을 보이는지 관찰하는 것도 괜찮다.

- 자신의 약점을 줄이기 위해 외부 전문가의 도움을 받는다.

> 안심시키는 말을 들으려 하지 말고 피드백을 구해라

나는 90일 시점 이후의 피드백 수집을 잘 활용해야 한다고 권한다. '퍼스트 100' 코치 같은 외부 전문가의 도움을 얻어서 모든 방향 – 위쪽(상사), 동등한 차원(동료 2~4명), 하위 차원(직접 보고하는 3~5명), 그리고 이외 중요한 이해관계자(예: 고객) – 에서 90일 시점 피드백을 얻도록 한다.

90일 시점에서 피드백을 공식적으로 요청하는 행위 자체만으로도 여러분이 자신의 진전 상황을 모니터하는 데 관심이 있다는 사실을 이해관계자들과 팀원들에게 알리게 될 것이다. 이런 개방성은 리더로서 남과 차별되는 중요한 장점이기 때문에, 이해관계자들은 여러분이 초기 피드백을 얻으려 하고 그것을 중요시하는 태도에 큰 감명을 받을 것이다. 물론 더욱 큰 보상은 실제로 피드백을 얻어서 자신을 위해 활용하는 것이다. 즉 피드백을 통해 사람들이 당신을 어떻게 인식하고 있는지 알게 되고 자신의 맹점을 줄일 수 있으며, '첫 100일'과 첫 12개월의 기간에 조직에서 성공할 확률을 높일 수 있다.

다음은 여러분의 팀(예: 직접 보고하는 사람 모두), 동료(2~명만), 위쪽의 핵심 이해관계자(예: 직속 상사와 상사의 상사), 외부인(2~3명만 - 예: 핵심 고객) 등에게 활용할 수 있는 360도 피드백 양식으로 제3자를 통해 실시하게 된다.

여러분은 이 '360도' 피드백보다 더 나아가 자기반성을 포함시킨 이른바 '450도' 피드백을 얻음으로써 자신의 약점을 줄일 수 있다. 이것을 가장 잘 하는 방법은 제3자인 전문적 코치의 도움을 얻어서 실시하는 것이다. 왜냐하면 자신의 밖으로 나가서 자기 파괴적인 행위들을 스스로 포착하는 일은 제3자인 전문가의 도움 없이는 어렵기 때문이다.

다음에 제시되는 90일 시점의 피드백 양식을 보면, 질문들이 매우 간단하고 개방형이라는 점이 눈에 띌 것이다. 이것은 설문에 응하는 이해관계자들이 미리 결정된 폐쇄형 질문이나 체크리스트에 구애받지 않고 자신의 견해를 자유롭게 표현하도록 함으로써 진짜 피드백을 얻을 수 있도록 하기 위해서다.

이 양식은 기업에서 흔히 쓰는 업무수행평가 양식과 다르며, 다른 사람들의 희석되지 않은 솔직한 견해를 듣는 것이 목적이다. 물론 사람들은 자기 보호 본능으로 인해 자신의 피드백을 솔직하게 밝히려 들지 않을 것이다. 특히 여러분 밑에서 일하는 팀원이라면! 이것은 매우 솔직한 피드백을 보고 당신이 어떻게 반응할지에 대해 당신을 신뢰할 만큼 제대로 알지 못하기 때문이다. 그래서 행간을 읽을 수 있는 외부 전문가의 도움이 필요한 것이다. 제3자인 전문가는 당신이 의미를 파악하는 데 도움을 줄 수 있고, 때로는 말하지 않은 부분의 의미를 찾아내고 겉으로 드러난 내용에서 진짜 의미를 유추하도록 도와줄 수 있다.

90일 시점의 피드백 이해관계자 피드백 양식

1 이 사람이 지금까지 보여준 리더십 스타일과 임팩트에 대해 전반적으로 어떤 인상을 가지고 있습니까?

2 리더십 기술: 새 리더의 업무수행 수준을 상중하로 평가하십시오. 그리고 당신의 이런 평가를 뒷받침하는 견해와 예를 제공해주시기 바랍니다

비전과 전략 관련
- 명확한 방향설정

사람과 팀 관련
- 사람들을 함께 데리고 간다

결과와 성과물 관련

- 올바른 결과를 얻는다

3 새 리더가 앞으로 나아가는 데 필요한 제안이나 조언을 해줄 수 있습니까?

스스로를 돌아보는 시간 갖기

내가 만약 여러분의 윗사람이라면 당신에게 일상적 업무에서 반나절 정도 벗어나 있으라고 허용할 것이다. 여러분은 지난 90일간 열심히 일했고, 지금 당신이 해야 할 가장 똑똑한 행동은 사무실을 벗어나 세 시간 정도 자유 시간을 갖는 것, 쾌적한 카페에 혼자 앉아서 여러분이 그동안 겪은 전체 이행 과정을 되돌아보는 것이다. 준비 단계에서부터 지금까지 어떤 부분이 성공했고 어떤 부분이 그렇지 못했는지, 지난 90일간 자신이 한 인간으로서, 그리고 리더로서 얼마나 성장했는지 되돌아본다.

- 개인적으로 가장 하이라이트의 순간은 무엇인가?
- 가장 힘들었던 순간은 언제였나?
- 어려움에 부딪쳤을 때 어떻게 극복했나?
- 취임 이후 당신에게 진정한 도움을 준 사람은 누구인가?
- 여러분이 얻은 가장 큰 교훈은 무엇인가?
- 처음부터 다시 할 수 있다면 어떤 것을 다르게 하고 싶나?

자기반성은 여유를 부리는 행위가 아니며, 빠르게 돌아가는 요즘 세상에서 필수적인 것이다. **자신이 자랑스러운가?** 요즘은 모든 것이 너무나 빨리 움직이고 결정도 매우 빨리 내려야 하기 때문에, 결정으로 인한 결과를 되돌아보고 교훈을 얻을 수 있는 시간이

거의 없는 경우가 많다.

'자기반성'을 위한 시간을 일부러 갖는다는 개념 자체가 생소할 수 있지만, 당신이 리더로서 계속 성장하고 싶어 한다면 원하는 각도와 자기 성장의 기회를 찾기 위한 새로운 기법과 방법들을 적용할 필요가 있다. 잠시 뒤로 물러서서 혼자 있는 시간을 가지며 자신이 그동안 이룬 진전에 대해 되돌아볼 수 있어야 한다.

5 마지막 10일의 결정적인 성공 요인 : D90~D100

다음은 여러분이 마지막 10일간 생각해야 할 사항들을 정리한 것이다.

결승선을 통과하라

　시작을 잘하는 것이 정말 중요하지만, 이에 못지않게 마무리를 잘하는 것도 중요하다. '취임 후 첫 100일' 여정을 완주하게 되면 커다란 만족감을 느끼게 될 것이며, 동시에 향후 12개월의 목표를 향한 새로운 여정을 시작하도록 동기부여가 될 것이다. 남은 10일을 효과적으로 활용해서 '취임 후 첫 100일'이 끝나는 시점까지 완료해야 할 과제 중에 아직 끝내지 못한 것들을 잘 마무리하고 빨리 진행시키도록 한다.

　이제 결승선이 코앞에 왔고, 남은 10일은 넘어야할 마지막 장애물이다. 여러분은 지금까지 열심히 일했고, 남은 기간에도 계속 목표에 초점을 맞추는 집중력을 잃지 않아야 한다. '취임 후 첫 100일'은 향후 12개월과 그 이후의 기간에 임팩트를 주기 때문에, 이 '첫 100일' 기간을 시작했을 때와 마찬가지로 강하게, 그리고 의욕적으로 마감해야 한다. 그러면 여러분은 장기적인 보상을 수확하게 될 것이다.

타임아웃이 필요하다

　지금까지 어떤 부분이 잘됐고 어떤 부분이 잘되지 못했는지 되돌아보는 시간을 갖는다. 지금까지 잘된 것, 그리고 당신이 지금까지 이룬 진전을 축하하는 시간을 가져라. 지금은 여러분이 지금까지 성취한 것을 자축해도 좋을 때다. 스스로에 대해 정말 좋은 감정을 느끼고 자신의 노력과 진전을 가치 있게 평가해라. 이것은 행복을 느끼게 하는 장기적 효과를 가져다줄 뿐 아니라 여러분이 스스로에 대해, 그리고 어떤 가치를 중요시하는지 팀원들이 알게 만들 것이다. 그리고 잠시 되돌아보는 시간을 갖고 지금까지의 성과를 자축하면서 얻은 상쾌하고 새로운 기분으로 다시 빠르게 돌아가는 현실로 귀환하는 것이다.

실수를 통해 배운다

다른 사람들에게서 피드백을 얻고 자기반성의 시간을 가진 뒤에, 만일 다시 한다면 다르게 하고 싶은 부분이 있는지 생각해 본다. 잘못했다 싶은 일을 실패로 생각하지 않고 피드백으로 간주한다. 만일 잘못된 부분이 있거나 '취임 후 첫 100일' 동안에 실수한 것이 있다고 느낀다면, 그것을 유용한 피드백으로 받아들이는 것이다. 그냥 접근법이 틀렸던 것뿐이라고 생각하고 다른 접근법을 시도하면 된다. 자신을 너무 힘들게 하지 않고, 과거에 잘못된 부분을 미래에 잘되게 할 수 있는 부분으로 전환하는 긍정적 마인드를 가진다.

첫 100일 고객의 사례 연구

은행에서 프리미엄 서비스 영업담당 글로벌 책임자로 새로 임명된 A씨의 사례

첫 100일이 끝났다. 이제부터 어떻게 하지?

A씨는 '취임 후 첫 100일' 기간의 마지막 상담을 위해 '퍼스트 100' 코치를 기다리면서 지난 3~4개월을 되돌아보았다. 임명 소식을 듣고 기뻐했던 것에서부터 팀원들이 자신의 기대 수준에 못 미친다는 사실을 깨닫고 실망했던 것 등, 감정변화가 매우 심했던 기간이었다. 그런데 가장 강하게 기억에 남은 것은 자신의 '취임 후 첫 100일' 계획을 수립했을 때 느낀 안도감이었다. 지금 되돌아보니, 자신이 상황을 장악했다는 느낌이 처음으로 들었던 순간이 바로 그 때였던 것 같다. 그렇다면 향후 3개월을 잘 통과하기 위한 또 하나의 100일 계획을 세워야 할까?

코치의 메모

당신은 이제 기어를 바꿔야 한다. '취임 후 첫 100일' 계획은 당신에게 매우 유용했지만, 이 기간은 끝났다. 이제는 100일 단위로 생각하는 단기적 마인드에서 벗어나야 한다. '취임 후 첫 100일' 계획은 이제 마감하고 보다 장기적인 새로운 계획에 대해 생각해야 한다. 당신이 심판대에 오르는 다음 순간은 취임 후 12개월이 지난 시점이 될 것이다. 취임 후 일 년이 지나면 당신이 부가 창출한 가치에 대해 보다 면밀한 점검이 이뤄질 것이며, 특히 당신을 폄하하고 비판하려는 사람들이 공세를 펼칠 것이다. 그러므로 이른바 '제2막' 계획의 수립을 통해 앞서나가는 것이 필요하다. 계획을 수립하는 중요성에 대해 당신이 지금까지 배운 모든 교훈을 명심한다. 목표를 염두에 두고 시작하며 중간 진도를 점검하는 여러 시점들을 정하고 각 시점에서 진도 상황을 확인하도록 한다. 취임 후 첫 12개월의 종료 시점까지 적용할 이 '제2막' 계획은 향후 8~9개월의 기간에 초점을 맞춘 계획이다.

향후 8~9개월의 전망에 집중하고, 취임 후 첫 12개월이 끝나는 시점까지 성취하고자 하는 성과들을 작성해라. 그렇지만 그러기 전에 먼저 '첫 100일'을 마감하자. 이 기간이 끝났다는 것을 인정하고 그동안 배운 교훈들을 인정하자. 무엇을 잘했고, 또 무엇을 그렇게 잘하지 못했는가? 자신의 업무수행을 어떻게 평가하는가? 당신의 팀원들과 이해관계자들은 당신의 업무수행을 어떻게 평가하는가?

'취임 후 첫 100일' 계획을 마감하고 그동안 거둔 성과와 배운 교훈들을 기록해라. 그리고 '제2막'으로 넘어가라.

A씨는 지난 기간을 되돌아보면서 체계적인 '취임 후 첫 100일' 계획을 수립한 것이 자기관리에 매우 중요했다고 느꼈다. 동시에 자신이 리더십 기술이나 개인적 성장에서 가장 큰 향상을 보인 부분은 바로 감성지능 분야였다는 것을 깨달았다. A씨는 이제 자신이 처음 취임했을 때 얼마나 불안했는지, 자신감 하락으로 얼마나 힘들었는지 보다 명확하게 알 수 있었다. 그는 만일 '취임 후 첫 100일' 계획이 없고 '퍼스트 100' 코치의 도움이 없었다면 자신이 그렇게 많은 진전을 이루지 못했을 것이라고 생각했다. 덕분에 A씨는 리더십 수행에 내재해 있는 그 모든 모호성과 어려움에도 불

구하고, 업무에 수반되는 감정생활을 더 잘 관리하고 스트레스를 덜 느낄 수 있었으며, 과제를 더 잘 해결하고 결정을 잘 내릴 수 있었다. 그리고 최상의 상태에서 업무를 수행할 수 있었다.

시작 당시에는 불가능해 보였던 과제들을 자신이 얼마나 많이 성취했는지 돌아보고 A씨는 스스로에 대해 놀랐다. A씨의 상사는 크게 감명을 받았고, A씨가 관할하는 영역을 더 확대하고 싶어 했다. 즉 신흥시장의 중요성과 회사 전체의 구조조정에 관한 새로운 전략적 글로벌 내부 프로젝트를 그에게 맡기고 싶어 했다.

A씨는 이 전략적 프로젝트의 결과가 궁극적으로 자신의 커리어에 영향을 줄 것이라는 점을 알았다. 그는 기존 직책에서 너무 잘하고 있는 덕분에 궁극적으로 자신의 장래 커리어를 결정지을 수 있는 프로젝트에 참여할 수 있게 되어서 기뻤다. A씨는 자신을 '퍼스트 100' 코치와 연결시켜 준 동료에게 다음과 같이 말했다. "취임 후 첫 100일의 성공이 이번 직책뿐 아니라 나의 리더십 커리어에서도 중요한 전환점이 되었다는 것을 깨달았다."

Chapter 7 마무리

1 '취임 후 첫 100일' 계획의 마감
2 성과를 기록하고 그동안 얻은 교훈 정리하기
3 '첫 100일'의 성공을 이해관계자들에게 알리기
4 팀원들과 함께 축하하기
5 '제2막'에 대해 생각하기

1. '취임 후 첫 100일' 계획의 마감

새 직책을 맡고 나서도 이전 직책을 계속 붙잡고 있는 사람들이 있는 것처럼, '취임 후 첫 100일' 계획에 계속 집착하는 사람들이 있다. 내 의뢰인 중에는 '취임 후 첫 100일' 계획을 6개월 더 쓰려고 내용을 늘린 사람도 있었다! 그는 '취임 후 첫 100일'이 지난 지 한참 후에도 여전히 '취임 후 첫 100일' 계획서에 대해 이야기하고 있었다. 이런 행동은 여러분을 바보처럼 보이게 할 뿐이다. 그러므로 새 직책에 취임하고 실제로 100일이 지나고 나면 '취임 후 첫 100일' 계획에 대해 이야기하는 것은 그만두어야 한다. 다 끝난 것은 깔끔하게 마감하고 '제2막'으로 넘어가라! (이 책의 마지막 부분 참조)

> '첫 100일'은 끝났다.
> 이제 마감하고 다음 단계로 넘어가라

성과를 기록하고 그동안 얻은 교훈 정리하기

'취임 후 첫 100일' 계획은 창던지기에 비유할 수 있다. 여러분은 이 계획을 세울 당시에 자신이 성취하고 싶은 몇 가지 결과를 정했고, 실행 과정에서 필연적으로 조직생활과 시장역학으로부터 다양한 영향을 받았다.

계획에서 목표로 했던 것을 모두 이루지 못했을 수 있지만, 여러분이 계획한 사항들을 잘 지켜서 최대한 많은 진전을 이루었기 바란다. 지금은 현재 상황을 점검함으로써 그동안 이룬 성과를 기록하고 다음 단계에 대해 생각해 볼 때다.

- 여러분이 향후 2년간 전략적으로 달성하고자 하는 일들이 궤도에 올라 있는가?
- '첫 100일'의 종료 시점에 계획서에 적은 '원하는 성과'를 어느 정도(일부, 대부분, 전부) 달성했는가?
- 리더로서의 자신과 맡은 역할, 조직, 그리고 시장에 대해 어떤 교훈을 얻었는가?
- 다음 단계 조치로 어떤 일들이 있나?

나는 여러분이 상사와 이사회, 기타 이해관계자들을 대상으로 한 '취임 후 첫 100일' 프레젠테이션을 위해 다음 양식을 활용할 것을 권한다. 이때 팀원들의 노력도 포함시켜야 하며, 자신의 성과만 강조하지 말고 함께 이룬 성과에 대해 설명하는 부분을 포함시키는 것을 잊지 말아라.

추가 예산과 자원을 요청할 타이밍과 기회를 놓치지 말아야 한다. 여러분이 '취임 후 첫 100일'을 성공적으로 보냈다고 자신할 수 있다면, 지금 기회를 놓치지 말고 여러분의 이해관계자들(당신의 '투자자들')에게 자신을 계속 지원해달라고 요청해라. 하나의 성공이 또 다른 성공으로 이어지는 법이다. 여러분이 '취임 후 첫 100일'을 성공적으로 보냈다면 보다 많은 자원(사람, 시간, 돈)을 얻을 수 있는 유리한 위치에 있다. 그리고 보다 많은 자원을 얻는다면 앞으로 더 성공할 가능성도 그만큼 더 높아진다.

하나의 성공이 또 다른 성공으로 이어진다

리더십 성과의 기록 100일 종료 시점

거시적 차원
  비전과 전략 관련

  사람과 팀 관련

  결과와 성과물 관련

미시적 차원
  '취임 후 첫 100일' 계획의 10개
  '원하는 성과' 별 성취 여부

  핵심 교훈

  다음 단계 조치 제안

  추가 예산 및 인적자원 요청

 '첫 100일'의 성공을 이해관계자들에게 알리기

'취임 후 첫 100일'의 성공을 이해관계자들에게 알리는 데 위의 성과 기록을 활용하라. 나는 지금까지 계속 여러분의 '첫 100일' 이행 과정을 묘사하는 데 여정이라는 말을 사용했는데, 여러분은 이 여정에 모든 사람을 함께 데려가거나 아니면 '첫 100일' 여정이 끝나는 곳에 그들이 합류할 수 있도록 해야 한다. 여러분의 '취임 후 첫 100일' 계획을 이해관계자들에게 공식적으로 프레젠테이션 했는지 여부와 상관없이 '첫 100일' 종료 시점에 작성한 것을 이용해서 여러분이 지금까지 성취한 것에 대해 이야기할 수 있다.

> 소통하라!
> 소통하라!
> 소통하라!

비즈니스 세계에서는 겸손함에 대해 상을 주지 않는다는 것을 명심하라! 지금은 여러분이 자신의 성공에 자부심을 느끼고 여러분이 상대적으로 짧은 기간에 빠른 진전을 이룬 사실을 이해관계자들에게 알려야 할 시점이다. 자신이 한 일을 다른 사람들과 공유하는 것이 중요하다는 점을 과소평가해서는 안 된다. 다른 사람들에게 오만하게 보여서는 안 되지만, 여러분이 이룬 성과가 정당하게 인정받도록 커뮤니케이션이 잘 이뤄져야 한다.

커뮤니케이션 대상이 되는 이해관계자들은 여러분이 세운 계획과 결과 자체만으로도 감명을 받겠지만, 이것들을 공유하려는 여러분의 열의와 자신감에도 감명을 받을 것이다. 또한 여러분이 올바른 결과를 얻도록 도와준 데 대해 팀원들을 격려하고 이해관계자들에게 감사의 뜻을 나타낼 수 있는 기회를 줄 것이다. 중요한 것은 공동으로 이룬 성공이며,

혼자 질주하는 것이 아니라 사람들을 모두 함께 데려가는 것이라는 점을 기억하기 바란다.

누구나 좋은 소식을 듣고 싶어 하지만, 우리는 보통 '좋은 일'에 대해 그렇게 자주 듣거나 축하하지 않는다. 여러분은 이 지점까지 오느라고 열심히 일했으니 그 성공을 효과적으로 알리는 일에도 열심히 하기 바란다.

 # 팀원들과 함께 축하하기

　여러분은 리더로서 추종자들의 사기를 높일 기회를 끊임없이 찾아야 한다. 따라서 취임 후 첫 100일이 끝나는 시점은 함께 축하할 수 있는 매우 좋은 기회가 된다! 여러분은 팀원들 또한 자기 나름대로 어려운 이행(새로운 상사 밑에 일하게 된 것!)을 겪었다는 사실을 깨달아야 하고 또 알아주어야 한다. 여러분을 새 리더로 받아들이는 데 대한 흥분과 불안감은 여러분이 실제로 취임하기 오래 전에 시작되었고, 여러분이 취임한 이후에도 계속되었다. 팀원들은 다음과 같은 질문을 속으로 했을 것이다.

- 저 사람은 어떤 사람이며, 저 사람이 선택된 이유는 무엇인가?
- 우리가 저 사람의 리더십을 따라야 하는 이유는?
- 저 사람을 신뢰할 수 있을까?
- 내 일자리를 지킬 수 있을까?
- 저 사람은 합리적인 상사인가?
- 저 사람은 훌륭한 팀을 구축할 수 있을까?
- 저 사람은 성과를 거두었는가?
- 저 사람의 팀원인 것이 자랑스러운가?

　그러므로 지금은 여러분과 팀원들이 모두 겪은 이행('취임 후 첫 100일' 동안, 그리고 그 이전)을 평가하면서 '취임 후 첫 100일' 기간의 종료를 함께 축하할 때다. 나는 이를 위한 축하행사를 마련할 것을 권하며, 또한 그 비용을 여러분이 개인적으로 부담하라고 권한다. 팀에서 보수를 가장 많이 받는 사람이 바로 여러분이고 팀원들이 당신을 위해 열심히 일했으므로 여러분이 한턱내는 것이 좋겠다. 팀원들에게 투자하면 그들의 충성심이 높아지고 일을 더 열심히 하는 형태로 당신에게 되돌아올 것이다.

지금이 팀원들과의 관계를 더욱 깊게 만들기 좋은 때로서, 팀원들은 여러분이 축하행사 비용을 개인적으로 부담했다는 사실을 알고 여러분과 그 행사에 대해 감사하는 마음이 더욱 커질 것이다. 여러분의 가장 귀중한 자산은 바로 사람이기 때문에 사람에 대한 투자를 계속 해야 하고 이들이 자신의 잠재력을 최대한 발휘할 수 있도록 키워줘야 한다.

여러분의 '취임 후 첫 100일' 계획을 실행하는 데 팀원들이 도움을 주었을 것이고, 그들을 여러분의 여정에 포함시킴으로써 동기부여가 되도록 했을 것이다. 여러분을 따르는 사람들은 여러분이 실행하는 계획에 자신이 속해 있다고 느끼고 싶어 한다. 따라서 이 계획의 성공을 함께 축하하면 동기부여 효과가 열 배는 상승할 것이다. 업무능력이 뛰어난 팀을 구축하고 유지하게 하는 가장 큰 동기요인은 '진전을 이루고 있다는 느낌'이라고 한다. 그렇기 때문에 새로 구성된 팀이 함께 이룬 진전을 인정해주고 그것을 축하하는 행사를 갖는 것이다.

이 행사는 모두가 즐기는 재미있는 시간이 되어야 한다. 만일 팀 회의를 한 후에 이 행사를 갖는다면, 업무자료는 모두 치워 버리고 스트레스에서 벗어나 그냥 즐기는 시간, 서로를 더 잘 알게 되는 기회를 즐기는 시간이 되도록 한다. 또한 팀원들이 당신을 상사로서만이 아니고 한 인간으로서 더 잘 알게 만드는 기회가 되도록 한다. 당신과 팀원들 간의 유대관계가 깊어지면 깊어질수록 더 좋기 때문이다.

 # '제2막'에 대해 생각하기

내 경험에 비춰보면, 새로 임명된 리더에 대해 판단을 내리는 중요한 시점은 대개 다음의 두 시점이다.

- 취임 후 첫 100일의 종료 시점
- 취임 후 첫 12개월의 종료 시점

이 책을 읽고 이 책에서 제시하는 원칙들을 적용하고 있는 여러분은 '취임 후 첫 100일'의 종료 시점에 상사와 동료, 그리고 팀원들로부터 좋은 평가를 받고 싶다는 열망을 가지고 지금까지 노력해 왔을 것이다. 그런데 취임 후 첫 일 년이 지나면, 여러분의 의지 여부와 상관없이 주변의 사람들이 자동적으로 여러분에 대한 판단을 내리기 시작할 것이다. 만일 여러분이 첫 12개월의 종료라는 중요한 시점에 관심을 기울이지 않는다면, 여러분이 '취임 후 첫 100일' 기간에 들인 모든 노력이 다른 사람들에 의해 단순히 초기의 번지르르한 자기 PR 행보에 불과한 것으로 폄하될 수 있다.

좀 이상하게 들릴지 몰라도, '취임 후 첫 100일'의 성공을 유지하기 위해서는 취임 후 첫 12개월의 종료 시점에 여러분이 어떤 평가를 받느냐에 관심을 기울일 필요가 있다. 예를 들어 오바마 미국 대통령은 매우 성공적인 '취임 후 첫 100일'을 보낸 것으로 평가되었지만, 취임 후 일 년이 지난 시점에 그를 비판하는 목소리가 여기저기서 쏟아져 나와 오바마 대통령의 '취임 후 첫 100일'이 그렇게 성공적인 것은 아니었다는 재평가가 내려졌다.

그러므로 이제는 '취임 후 첫 100일' 계획을 마감하고 보다 장기적인 '제2막' 계획에 초점을 맞출 때다. 즉 두 번째 판단 시점인 '첫 12개월' 종료 시점까지 성취하고 싶은 것들에 집중하는 것이다. '퍼스트 100'의 뢰인들을 보면 '취임 후 첫 100일'의 성공에 너무 도취된 나머지 또 다른 100일 계획을 세워야겠다고 생각하는 경우가 많다. 그렇지만 나는 100일 단위로 계속 계획을 세우라는 조언을 하지 않는다. 나의 제안은 '첫 100일' 동안은 단거리 선수처럼 달리고 다음의 9개월은 마라톤 선수처럼 달려서 취임 후 첫 일 년의 종료 시점까지 성공적으로 완주하라는 것이다.

'제2막'에 대한 내 생각은 책 한 권을 더 쓸 정도로 많지만, 간단히 표현하면 '갱신과 재질주 renew and resurge'의 시기로 생각하라는 것이다.

갱신

새로운 계획, 즉 취임 후 첫 12개월의 종료 시점까지 여러분을 이끌어 줄 '제2막' 계획을 수립해라. 첫 12개월이 끝나는 시점까지 여러분이 성취하고 싶어 하는 것에 초점을 맞춰서 '원하는 성과'를 작성하고, (월별이 아닌) 분기별로(즉 6개월 종료 시점, 9개월 종료 시점, 12개월 종료 시점) 진도 점검 시점을 새로 정하라.

재(再)질주

향후 9개월의 기간을 위한 노력과 활동을 다시 활기차게 시작해야 한다. 내가 3R이라고 부르는 다음 사항들을 고려하라.

갱신 **Renew** 여정의 다음 단계에 팀원들과 이해관계자들을 다시 흥분시키고 열광시킬 수 있는 새로운 이야기, 새로운 화법을 찾아낸다.

새로운 동기부여 **Remotivate** 팀원들이 계속 열심히 일하도록 새로운 동기부여를 어떤 식으로 할 것인지 생각해본다.

결과에 대한 재집중 **Refocus** 여러분은 '취임 후 첫 100일' 동안 몇 가지 훌륭한 결과를 이뤄냈지만, 결과는 앞으로도 계속 나와야 되는 것이다. 그러므로 취임 후 첫 12개월의 종료 시점까지 이뤄내고 싶은 핵심 결과물이 무엇인지 생각해 본다.

'취임 후 첫 100일'은 이제 다 끝났고, 여러분은 최대한의 임팩트를 이루는 데 성공했다. 그러니 이제는 '제2막'에 집중해야 할 때다.

마지막 당부

나는 여러분이 지금쯤이면 새 직책에 편안하게 안착했기를 바란다.

'취임 후 첫 100일'은 여러분이 리더로서 어떤 사람인지, 그리고 새 직책에서 어떤 것을 성취하고 싶은지에 대해 전체적인 톤을 설정하는 시기이다. 이 시기는 궁극적으로 여러분이 앞으로 두고두고 간직한 전체적인 리더십의 유산이 될 것들이 시작되는 단계로서, 훌륭한 스타트는 강력하고 효과적인 리더십 유산의 좋은 전조가 된다.

여러분은 이 책에서 제시한 통찰과 접근법의 도움으로 업무를 성공적으로 수행했으며, '취임 후 첫 100일'에 긍정적 영향을 주는 리더십 임팩트를 극대화 하는 데 성공했다. 이 리더십 임팩트는 '취임 후 첫 100일' 뿐 아니라 첫 12개월과 전체 임기, 그리고 그 이후의 기간에도 여러분의 리더십이 최대한 성공을 거두도록 도와줄 것이다. 이 책의 가르침이 여러분에게 필수적인 리더십 성장 과정을 가능하게 해주었기를 바라며, 여러분의 리더십이 앞으로도 더욱 성장할 수 있게 해주는 촉매가 되었으면 좋겠다.

이 책의 내용은 다음과 같은 장기적 리더십 기술 향상을 위한 촉매가 될 수 있다.

- 자신감 상승
- 보다 나은 결정 내리기

- 감성지능의 성장
- 체계적 계획 수립 및 불확실성 관리 능력의 향상
- 명확한 방향 설정과 다른 사람들이 따르도록 동기 부여하는 능력 향상

최선의 리더가 되라

여러분은 이 책에 소개된 개념들을 적용함으로써 장기적으로 리더십이 향상되는 보상을 계속 누릴 수 있을 것이며, 앞으로 다른 새로운 직책과 관련해 어떠한 단계에 있더라도 이 개념들을 활용하는 데 있어 더욱 능숙하고 더욱 노련해질 것이다.

여러분에게 가능한 한 최선의 리더가 되라고 마지막으로 당부하고 싶다.

이 책의 핵심은 리더십 기술을 향상시키도록 도와주는 것으로서, 특히 리더십 기술 향상에 대해 큰 관심과 학습 의욕이 있는 취임 초기의 시기에 초점을 맞추었다. 이 책이 리더인 여러분의 관심을 끌어야 하는 이유는 우리 사회의 리더들이 이전보다 더 나은 리더가 될 필요가 있기 때문이다. 우리가 경제위기를 겪었다고 말하는 사람들이 있지만, 나는 우리가 리더십 위기를 겪었고, 글로벌 경제위기는 그 증상에 불과하다고 말하는 것이 보다 정확한 표현이라고 생각한다. 글로벌 금융 붕괴 사태를 겪고 난 지금, 비즈니스 리더들은 이전보다 더 나은 지도력, 이전보다 강력한 지도력을 보여줄 필요가 있다. 비즈니스 리더들은 좀 더 노력하고 좀 더 많은 책임을 지며 좀 더 나은 결과를 보다 빨리 내놓아야 한다. 우리는 다음과 같은 특성을 지닌 새로운 부류의 비즈니스 리더들이 부상하기 바란다.

- 자신이 맡은 역할을 처음부터 진지하게 받아들인다.
- 혼돈에서 질서를 만들어내려고 노력한다.
- 스스로 모범을 보여서 리드한다.
- 조직을 강화시킬 미션을 완수하도록 팀원들에게 동기를 부여한다.
- 안정된 상태를 만들어낸다.
- 일자리 유지와 경기부양에 도움이 되도록 한다.

새로 취임한 전 세계 모든 리더들이여, 지금이 바로 행동해야 할 때다. 우리는 여러분이 우리 사회를 앞으로 전진시켜 주기를 기대하고 있다. 여러분은 '취임 후 첫 100일'을 성공적으로 보냄으로써, 그리고 그 이후의 기간에도 자신의 팀과 사람들을 더욱 앞으로 이끌어나감으로써 전 세계의 리더십 수준을 향상시키는 데 일조할 수 있다.

이 책을 읽어주어서 감사드리며 독자 여러분의 행운을 빈다.